品味另类史

惊情六百年
——吸血鬼史

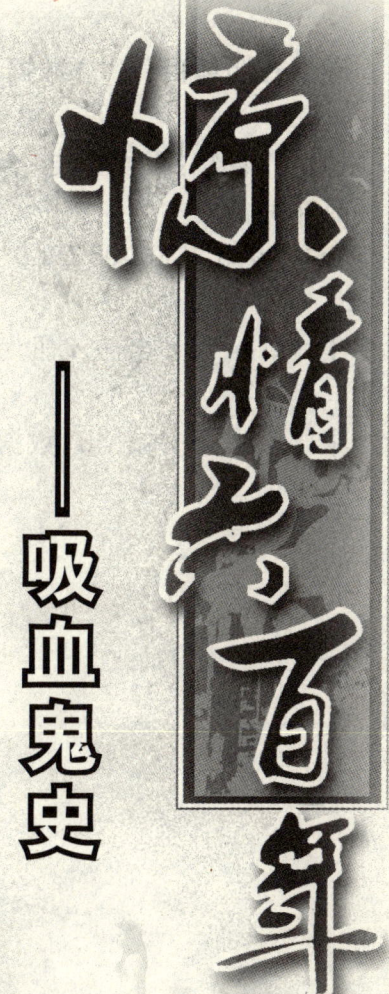

金娅丽 著

武汉大学出版社

图书在版编目(CIP)数据

惊情六百年:吸血鬼史/金娅丽著.—武汉:武汉大学出版社,2010.10
品味另类史
 ISBN 978-7-307-08222-9

Ⅰ.惊… Ⅱ.金… Ⅲ.鬼—文化史—世界 Ⅳ.B933

中国版本图书馆 CIP 数据核字(2010)第 192599 号

责任编辑:郭 静　　　责任校对:黄添生

出版发行:**武汉大学出版社**　　(430072　武昌　珞珈山)
　　　　　(电子邮件:cbs22@whu.edu.cn　网址:www.wdp.com.cn)
印刷:湖北恒泰印务有限公司
开本:720×1000　1/16　　印张:12.75　　字数:164 千字　　插页:1
版次:2010 年 10 月第 1 版　　2010 年 10 月第 1 次印刷
ISBN 978-7-307-08222-9/B·286　　　　定价:27.00 元

版权所有,不得翻印;凡购我社的图书,如有缺页、倒页、脱页等质量问题,请与当地图书销售部门联系调换。

序 言

在欧洲，从历史开始的时候，就蔓延着一种神秘的力量。传说有这么一群吸血的精灵，他们在漆黑的夜幕下举行派对，把人体的血液当做饕餮大餐，任意妄为，纵情狂欢。这些在暗夜里寻找生命的死灵，行迹难测，形象多变。他们既不是神，也不是魔鬼，更不是人，就像是一个被上帝遗弃的孤儿，孤苦无依地游荡在天堂和地狱的边缘，毁灭生的同时，也在拷问生的意义。他们容颜超众，青春永驻，而且永生不死，举手投足散发出不可思议的魅力，令众生极度恐惧的同时，也纷纷为之倾倒。

这一个古老而又神秘的种族，就是吸血鬼（Vampire）。古往今来，文人墨客写下了大量的诗歌剧本来表达对吸血鬼即向往又恐惧的心情，如拜伦的《吸血鬼》（1816年），科勒律支的《克里斯特贝尔》，济慈的《无情的美人》、《拉弥亚》……就连大仲马、狄更斯这样的大家也写过相关的作品，但是这些作品中影响力最大的莫过于19世纪的布莱姆斯托克创作的《德库拉》。

1484年，多明我会的两个修士Jakob Sprenger和Heinrich Kramer编写的《巫术之密》，被教皇英诺森特八世（Innocent Ⅷ）批准出版。这是人类历史上，基督教会第一次承认神怪力量的存在。

与此同时，天主教廷宗教对吸血鬼大肆进行捕杀。虽然吸血鬼拥有异常的功能，超凡的本领，但是任何一名吸血鬼都无法同时阻挡千百名凡人的合作威胁。人定胜天！团结就是力量！曾经一度，吸血鬼的生存陷入空前危机。为了应付恶劣的局势，1514年7月8日，几个吸血鬼氏族（约为第六代至第八代）进行结盟，于是产生了密党盟派（Camarilla）。密党盟派是由七个氏族所组成的盟派，也是至今吸血鬼社会中较大的盟派。密党盟派刚创立的时候，就立下了六道严格的戒律传统（Six Traditions），要求盟派中的后世吸血鬼永远遵行。整个戒律传统的最高宗旨，就是规定吸血鬼必须隐匿于人类社会中，绝对不得暴露身份，以免导致吸血鬼种族生存的危机，这就是"避世"戒条的由来。

随着科学的发展，愚蠢的人们自认为掌握了一切道理，他们开始摒弃他们的信仰，肆意涂抹着自己的灵魂，把吸血鬼的存在视为荒诞不经的传说。然而，与这种愚蠢的行为形成鲜明对比的是：吸血鬼族群却一如既往地潜伏在城市的暗角，做他们要做的事，用他们的实际行动来表达对人类最大的蔑视和无声的反抗。人们请千万不要轻视，更不要忽视，数千年后的今天，吸血鬼的血脉已经传承到第13代至第15代了。

一直以来，由于吸血鬼族群的戒律和他们的自我控制，使得人类从来无法深入地了解他们。今天，让我们拂去历史的尘埃，一起掀起罩在吸血鬼脸上的神秘面纱，走进他们的前世今生。

目 录

一 吸血鬼横空出世

阳光的背面是阴影，阴影里有多少我们未知的秘密？让我们透过树叶的缝隙，一起窥睨那躲在暗处的死灵。

千百年来，我们始终摆脱不了这个附体的幽灵。也许，这个世界本该这样，其实也是这样，只是你没有仔细观察而已。

出走天堂/2

罪恶的花/5

午夜魅影/8

第一城市/11

诺亚大洪水/13

第二城市/16

二 千年圣战

千年圣战，旷日持久，看不到硝烟，却弥漫着浓浓的血腥。

十三血宿争勇斗狠，人类是这场战争唯一的受害者。

当亲情、爱情和友情同时在战火中灰飞烟灭，吸血鬼族群堕入永不超生的深渊里。

这是一场无法告别的战争。

第一次圣战/22

哭泣的沙漏/26

钉在十字架上的爱情/30

1

墓地上跳舞的蒲菊花/33

歃血为盟/34

三 吸血鬼和夜魔女的战争

被赶出天堂后的莉莉斯，肆意拿自己的身体发泄，以此报复上帝。她和动物交配，甚至和魔鬼交配，生下无数妖魔鬼怪，作乱人世间。

为了争夺血源，吸血鬼和莉莉斯及其后代之间不可避免地发生了摩擦。战争的序幕就此拉开。

夜魔女游走江湖/42

谁杀死了知更鸟/46

疯狂的旋律/50

蛇尾巴的纠缠/52

四 终极魔鬼

梵卓族在第二次圣战中胜出，开始了由一个战场步入下一个战场，从一个王座迈向下一个王座的战斗生涯。卓尔不凡的梵卓族是血族里的王族，主宰着王宫与天下苍生。

梵卓族的国王是王中王，他的宝剑所指的方向，就是你命运的轨迹。

黑夜王国的阶梯/62

第二次圣战/66

永生的黑夜之王/71

五 东方魔影

在受到西方社会日复一日残酷的报复后，吸血鬼开始把目光投向了遥远的东方。

梵卓族国王召集精干队伍组成骑士，开往东方，加入了丰臣秀吉侵朝的不义之战中，遭到中朝联手反抗，最终大败而归。

整个东亚笼罩在一片血腥之中。

吸血鬼骑士东征/80

荡气回肠的桔梗谣/85

东西合璧/89

六 古城堡攻坚战

城堡是吸血鬼主要的居住地。

一座没有门的城堡，城堡的主人是世界上的头号吸血鬼瓦拉西亚大公伏勒德。城堡里还豢养了许多专吸人血的神魔。

要怎么才能进入这座没有门的城堡呢？

15世纪的盛宴/100

血洗城堡/105

废墟上的夜来香/109

七 千年的孤独

都市的喧嚣被冷硬的大理石墙壁拒于门外，吸血鬼蜷缩在古城堡斑驳的墙角，吹起心爱的长笛。

向夜的黑镜中投过去一瞥，今夜是否会和曾经的故人相遇？

让我们走进吸血鬼的世界，在命运的动荡与荒谬里，和他们一起感受爱恨情仇。

折断的长笛/118

泣血的玫瑰/122

被终结的终结者/128

八 吸血鬼中的异类

她对着他凄然一笑，纵身跃下万丈深渊。

他又痛又悔，承受剧痛，毅然戒掉了吸食人血的恶习，改吸其他动物的血。他的后代成了吸血鬼中的异类。

不一样的吸血鬼，将怎么在吸血鬼族群中生存下去？

天使禁猎区/138

流在血管里的遗嘱/142

铲除异己/147

九、星球大战

人类与吸血鬼生活在同一片天空下,却又互相抗衡。维系他们之间的渊源,则是一场永不停息的战争。一切尽在炼狱。

来自结界的外星人再也无法继续冷眼旁观,趁百年不遇的月食之夜,加入了这场混战,形成了三方对峙的局面。

第三次圣战/158

外星来客/162

立约/166

十、现代吸血鬼探究

18世纪达到黄金鼎盛时期的吸血鬼,在19世纪突然消失,又神秘地出现在新世纪的偏远地带,折磨人的方式依然存在。无论历史跋涉过多么长的河,无论人类做多大的努力,始终无法改变吸血鬼嗜血的本性。

吸血鬼的劫数/176

寻找吸血鬼/182

一声叹息/186

吸血鬼横空出世

　　阳光的背面是阴影，阴影里有多少我们未知的秘密？让我们透过树叶的缝隙，一起窥睨那躲在暗处的死灵。

　　千百年来，我们始终摆脱不了这个附体的幽灵。也许，这个世界本该这样，其实也是这样，只是你没有仔细观察而已。

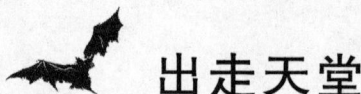 出走天堂

　　创世纪之初,上帝划分天地,隔开日夜,于是出现了黑与白的世界。与此同时,上帝用泥土塑造了一个男人,给他取名叫亚当。上帝怕亚当独自居住在伊甸园里太寂寞,又取出他身上的一根肋骨,变成一个女人,来陪伴他。

　　春天到了,伊甸园仿佛一夜之间突然苏醒了一样,焕发出勃勃生机。放眼望去,满山青翠欲滴的绿色似乎在无声地酝酿着情绪,谁也无法预知即将发生什么。

　　亚当和夏娃在伊甸园里互相追逐嬉戏,过着无忧无虑的幸福日子,心无旁骛。

　　可是,花无百日红,美好的时光总会走到尽头。一条长着翅膀的蛇出现了,破坏了这一幅和谐的景象。

　　"你知道上帝为什么叫你'夏娃'吗?"蛇笑眯眯地跟夏娃套近乎,向她表示友好,意味深长地说道:"就是'生命之母'的意思!你知道什么是生命之母吗?"

　　狡猾的蛇攻心为上,很快就突破了天真无邪的夏娃的缺口,唆使她偷吃禁果。

　　夏娃咬了一口禁果,乐不可支:"啊,真甜哪!"

　　独乐乐不如众乐乐,夏娃叫来亚当一起品尝美味,一起分享快乐。头脑简单如他们,不明白禁果之所以被禁,自有被禁的理由。

　　一个禁果,令整个世界发生了天翻地覆的变化。吃下禁果后,亚当和夏娃一下子变得心明眼亮,这才发现彼此竟然裸体相对。夏娃羞愧难当,"啊"的一声惊叫,捂着脸跑开了。亚当在后面紧追不舍。夏娃不小心脚一崴,跌倒在地上,亚当扑上去覆盖在她的身上,两个人紧紧拥抱着,一

■1358年,该隐来到第一城市。至此,吸血鬼开始步入人类社会,和人近距离接触。
□1358年,法国反封建农民起义——扎克雷起义的爆发。

起从山坡滚落下去，滚到了湖边。

一阵风吹过，吹皱了湖面，夏娃的眼睛里掠过一丝淡淡的忧伤，深邃幽远。亚当轻轻抬起手，怜惜地捏住夏娃的下巴，眼睛落在她的眼睛里，被带到遥不可测的未来。

"我们的未来在哪里？我们该怎么办？"夏娃扑进亚当的怀里，禁不住浑身瑟瑟发抖，怎么这一个明媚的春天感觉不到一点温度？

上帝站在云端，静静地看着这一幕，沉默不语。他知道，这是蛇在和自己作对，故意唆使亚当和夏娃偷吃禁果，使他们产生羞耻心。蛇原本是上帝所造的一个天使，由于权高位重，时间长了，便心高气傲，与神争大，与神为敌，结果堕落成为魔鬼，即撒旦。

上帝怒不可遏，惩罚蛇失去走路的脚，下诅咒让它用肚子行走，终生吃土。随后，上帝又把亚当和夏娃赶出伊甸园，使他们坠入尘世里，开始无边的沉沦，承受生存与死亡的痛苦，亚当要累得满头冒汗才能活下去，夏娃则要承受分娩的痛苦。

"来自尘土，归于尘土，你们走吧！"上帝长叹一声，关上伊甸园的大门，晃着踉跄的身影走了。

就这样，亚当和夏娃互相扶持着，一步三回头，依依不舍地离开了伊甸园，开始了崭新的生活。

春天被一道门关住了，门外是才刚刚开始的不幸。生之花和恶之花同时绽放，互相排斥，又纠缠在共同的轮回里。

人物小传
夏娃的诱惑

亚当和夏娃是人类的始祖。

夏娃是亚当的妻子，是上帝用亚当身上的一根肋骨造成的，是亚当骨中的骨，肉中的肉。就算不偷吃禁果，夏娃也是属于亚当的，这是命中注定的缘分。亚当这个

■1368年5月21日，希拉遭到该隐初拥，人类开始沦为吸血鬼的帮凶。
□1368年1月，朱元璋建立明朝。

名字的意思是"泥土",夏娃的意思是"生命",他们两个生来就是要互相给对方作伴。

夏娃被带到亚当的跟前,什么也没说,对着他微微一笑。目光碰撞的刹那,电光火石,亚当就产生了要拥抱夏娃的冲动。也许这就是最初的性萌动,男人天生就要与女人结合,成为一体。女性与男性,至此分为阴阳两极,却又刚柔相济,成了彼此依赖和矛盾的双方。

夏娃是如此深爱着亚当,为他偷吃禁果,为他承担过错,和他一起经历尘世的劫数,甚至承受生儿育女的苦痛,直到两个人一起化为尘土,归于尘土。在夏娃的心里,爱的火焰生生不息。

被上帝赶出天堂,去往人间的路上,夏娃收拾起心情,还编了一首《快乐的搬家之晨》,边走边唱。

众生之母夏娃,永远用微笑面对自己的爱人,用水一般的柔韧度去克服生活中的磨难。

偷吃禁果的夏娃和亚当　　　1-1

■1484年,多明我会的两个修士 Jakob Sprenger 和 Heinrich Kramer 编写的《巫术之密》,被教皇英诺森特八世(Innocent Ⅷ)批准出版。这是人类历史上,基督教会第一次承认神怪力量的存在。
□1484年8月29日,意大利人英诺森特八世当选为罗马教皇。

 罪恶的花

到了人间，亚当和夏娃开始了日出而作日落而息的生活，男主外女主内，守望相助，自力更生。

十个月后，亚当和夏娃的第一个儿子呱呱坠地。夏娃高兴极了，把儿子高高地举过头顶，大声宣告："上帝保佑我，我生了一个儿子！"夏娃给儿子取名叫该隐（Cain），就是"得"的意思。夏娃把该隐视为自己和亚当爱情的结晶，宠溺到了极点，养成了该隐骄横跋扈的性格，为日后的悲剧埋下隐患。

第二年，亚当和夏娃的第二个儿子亚伯（Abel）也相继来到了人间。

长大后的该隐成了一个农民，而亚伯则经营畜牧业。有一年，兄弟俩照例向上帝进献祭品，该隐把刚从地里收割下来的青菜萝卜，冲洗干净后，敬献给上帝，亚伯则奉上一头羔羊和羊脂。上帝认为，唯有无罪羔羊的血才能遮盖人们的罪，植物却不能，因此对亚伯进献的礼物大加赞赏，而对该隐则很冷淡，动也没有动一下蔬菜。

该隐以为上帝不喜欢自己，对自己遭遇如此不公平的待遇愤愤不平，从而对亚伯产生了强烈的嫉妒。该隐心里的毒蛇放出来了，一路招引着他，诱使他一步步走向犯罪的深渊。

该隐回到家里后，怎么也咽不下这口气，跑去找亚伯，一再地找茬，向亚伯挑衅，亚伯忍无可忍，开始为自己辩护，结果两个人发生摩擦。该隐对亚伯大打出手，直打得亚伯七窍流血，一命呜呼。

该隐打死了亲弟弟亚伯，犯下了人类第一宗杀人罪，揭开了人类互相残杀的序幕。从此，人世间充满了强暴、仇恨与嫉妒，深深地陷在罪恶的漩涡之中。

■1493年8月22日，吸血鬼之间爆发了第一次圣战。
□1493年，中国明朝正德初年，在浙江和福建两地实行海禁。

亚伯的鲜血在地上蜿蜒匍匐，向上帝哭诉自己不幸的遭遇。鲜血流经之处，地面纷纷裂开一道道口子。这是该隐第一次看到从人身上流出来的鲜血，是那么的触目惊心，给他说不出的异样感觉。该隐恨死了眼前淋漓的鲜血，可是，想要阻止却已来不及。

"你将永远受到诅咒！"上帝勃然大怒，判定该隐有罪，宣布他应该受到惩罚："你种地，地不再给你长出佳禾。你必定流落他乡，到处漂泊。"

直到这时，该隐才感到害怕，仆伏在地上，乞求恕罪："这个刑罚太重了，我受不了啊！我虽然犯了罪，但还是你的子孙。现在你把我赶出这个地方，不让我见你的面，那我无论漂泊到什么地方，凡是遇见我的，都会杀我呀！"

上帝考虑再三，采取了一些保护措施，赐予该隐一块免死牌，让他不致于被人杀死。上帝说："不，我不会杀你，而且我知道你以后一定会被人唾弃。所以我给你一个与众不同的记号，这样你就会让别人知道你不该被杀，只是尽量折磨你罢了。"

该隐就此被放逐，流落人间。

流落人间的该隐　　　　　　1-2

在流浪的途中，三个富有爱心的天使找到该隐，劝说他只要能够虔诚地祈祷宽恕，那么放逐的生活就将结束。该隐强硬的本性彻底发作了，三次劝说，他都充耳不闻，置之不理。此时此刻，该隐心里的怒火越烧越旺，怎么也无法压制。

"该隐，从今往后，你将见不得阳光，只能在夜间出动，躲在黑暗的角落里啜饮着殷红的鲜血。你的余生将要依靠吸食人类的鲜血而存活，你将一边吸食着人类的鲜血，一边为自己的所作所为忏悔。你的

■15世纪末，第三代吸血鬼建立了第二城市。
□15世纪末，哥伦布发现美洲新大陆。

世世代代都要受此天谴的折磨。"天使们以为该隐拒绝了自己的一番好意，绝望至极，于是诅咒该隐成为史上第一个吸血鬼。

从此，吸血鬼就像一朵绽放在暗夜里的花，邪恶而又高贵，遍布欧洲的每一个角落。

人物小传
生命的过客——亚伯

亚伯是亚当和夏娃的第二个儿子，该隐的弟弟。

亚当和夏娃有了该隐后，已经很满足了，亚伯是意外的产物，所以，亚伯的出生，并没有带给亚当和夏娃多少快乐，反而令他们觉得是一种累赘。由于亚伯的出生，亚当和夏娃需要更加拼命地劳作，家里田里两头奔波，简直到了分身之术的地步。"唉，这个儿子真是讨债鬼啊！"亚伯和夏娃对着亚伯长吁短叹。因此，他们就给取了亚伯这么一个名字，意思即"虚空"。亚当和夏娃觉得有没有亚伯这个儿子都无所谓，这样的想法也潜移默化的灌输给了该隐。在该隐的潜意识里，对于亚伯和他之间的血缘关系，看得很淡。

身为二儿子，亚伯注定要比哥哥该隐少受很多父母的疼爱和怜惜。早在亚伯出生之前，父母的爱早已经透支。从小在这样的环境中长大，反而使得亚伯心境平和，对任何事物没有过高的要求，随遇而安。

然而，正是由于亚伯没有心机，才给自己招来杀身之祸。

亚伯一心一意牧羊，献祭的时候，还特地挑了一头最强壮的羊给上帝。虽然蒙受上帝的赞赏，却引起该隐的嫉妒。而当该隐故意挑衅的时候，亚伯骂不还口，打不还手，好比一个活的沙袋。悲剧就此产生了。亚伯死在了亲哥哥该隐的手里。年纪轻轻的他，尚未经历过一个人应该经历的一切，就从人生的道路上"被迫下课"了。

■1514年7月8日，密党结盟，血族开始奉行避世的原则。
□1514年3月11日，意大利文艺复兴时期著名的建筑师伯拉孟特去世。

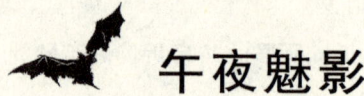 午夜魅影

德国东部有条宁静的河流，叫做易北河（Elbe）。易北河绕着群山峻岭，默默地淌过四季，不张扬，却很厚重，沉淀下无尽的岁月。

1368年5月21日，一个没有月亮的晚上，也没有一丝风，连树影都停止了摆动。18岁的小姑娘希拉（Zillah）静静地守在河边，翘首企盼，可是总也不见爸爸妈妈回家的身影。希拉眼睁睁地看着一艘艘小船缓慢而又从容地划过河面，离自己越来越远，心里的沉香一寸寸矮下去，直至灰飞烟灭，弥散于幽暗沉静的夜幕中。

从位于360米山巅的柯尼希施泰音城堡里闪出一个高大修长的身影，披着黑色斗篷，几乎和夜色融为一体，但是那张极度苍白的脸，证实他实实在在地存在着。

风越来越大，呜咽连声，希拉禁不住打了个寒颤，转身往家里走去。幸亏希拉没有回头去看如影随形跟在身后的黑影，不然吓得连路都走不了。

终于，希拉回到了家里。门口屋檐下一盏昏暗的煤油灯，明明灭灭，散发着睡眼惺忪的光晕。灯影里，一些叫不出名字的小虫子醉了酒一般地兴奋，团团簇拥着飞蛾，怂恿飞蛾不时地撞到灯泡上，越撞越起劲。

希拉站在穿衣镜前面换上睡衣，准备上床睡觉。这时，一个黑影从门缝里飘了进来，以迅雷不及掩耳之势猛地扑了过去，从后面抱住希拉。希拉只感觉身上猛地一沉，回过头去看，一个男人压在自己的背上，正对着自己微笑。只瞥了一眼，希拉就害羞地收回了视线，心里却在努力印证眼前这张脸，比鲜花还要俊美。惊吓之下，希拉的一颗心竟然被震得滋生出一丝丝的甜蜜来，还带着些许的眩晕。希拉愣愣地望着镜子，不明白里面为什么只有她的映像，而没有出现男人的映像？希拉哪里知道，影子和映

■1797年3月2日，科勒律支的《克里斯特贝尔》发表。
□1797年1月31日，奥地利著名音乐家舒伯特诞生。

像都是灵魂的象征，吸血鬼没有灵魂就没有影子，以致无法在镜子里出现映像。

不错，这个男人就是该隐。

该隐抱起希拉向床走去。两个人面对面的刹那，目光碰撞，顿时，一股强烈的电流迅速流遍希拉的全身。希拉的脑子里一片空白，同时又感觉到身体深处的某一点意识开始苏醒，仿佛星星之火一样零零点点，一寸寸地焚灼着她的肌肤，撩拨得她不能自已。该隐的眼睛恍若湛蓝的大海，泛着幽幽的红光，是那么的神秘，又是那么的诡魅。希拉在他的注视下，浑身发软，懒洋洋地摊在床上，连逃跑的欲望都没有。该隐像对待一件珍贵的艺术品那样，慢慢地伏到希拉的身上，一点点地贴近她，继而张嘴覆盖住希拉的嘴，轻轻地吮吸着。从该隐微张的嘴巴里呼出的气息，热浪一般一阵阵地袭向希拉，渐渐地模糊了她的意识。该隐的嘴一路往下滑，两片冰冷的嘴唇在希拉娇嫩雪白的脖子上来回摩挲着。希拉禁不住浑身一阵颤栗，紧紧地闭上眼睛，享受着从来没有过的美妙的感觉。该隐越吻越深，突然，他的脸变得狰狞恐怖，两边嘴角长出了两根长而尖利的犬牙，猛地插进希拉的脖子里，贪婪地吮吸起鲜血来。犬牙里分泌出一种毒液，不会致命，而且见效慢，慢慢地扩散到血液之中，使得希拉软绵绵地动弹不得。

终于，该隐打了个饱嗝，满足地站起身来，离开床，走到窗边，身上随即长出一双翅膀，变成一只蝙蝠，飞出窗外，消失在无边无际的黑暗中。

天亮了，希拉的爸爸妈妈终于回家了，却发现希拉已经死了，就悲伤地把她埋入地下的墓穴里。

可是，希拉的妈妈是这么地思念女儿，她实在想不明白，为什么出门前还活蹦乱跳的女儿，一下子就失去了生命呢？希拉的妈妈坚信女儿还活着，再三恳求丈夫把女儿重新挖出来。

几天以后，希拉的墓门被打开。希拉的父母发现，女儿的尸体赫然已

■1816年4月17日，拜伦的《吸血鬼》面世。
□1816年2月8日，英国国王派使节赴中国谈判贸易问题。

死而复生的希拉，
已不再是她自己。　　　　1-3

经改变了姿势，而且还沾有血迹。更加令人吃惊的是，希拉的脸色恢复了红润，仿佛在熟睡中。

是的，希拉的确没有死去，只是重新活过来的她，已经不再是原来的她了。该隐在吸食了希拉的血液之后，又将自己的血液给予了她。两种血液在希拉的体内融合，使她变成了吸血鬼。这种血液融合的现象会带给被吸食者以完全奇妙的感受，这个过程被称为"初次拥抱"（The Embrace）。转变过程，要几天才能完成，这要看有多少毒液进入了血液循环，以及毒液距离心脏的远近。只要心脏跳动，毒液就会扩散，并在扩散的过程中对身体进行治疗和改变。最终心脏停止了跳动，转变也就完成了。不过整个这段时间里，受害者每分钟都会但求一死。

■1819年4月，济慈的《无情的美人》出版。
□1819年11月28日，唐朝文学家柳宗元逝世。

谁也不知道希拉是怎么熬过来的？她这么小的年纪，在这个炼狱般的转变过程中，都承受了怎样的痛苦？只是希拉不会说，或许她根本想不起来要怎么说。

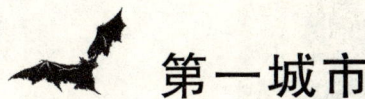

第一城市

该隐被放逐后，流浪了十年之久，于1358年，来到一个人类聚居区，我们姑且称之为"第一城市"。由于该隐高高在上的不凡的贵族气度，再加上他在上帝那里求得了豁免，拥有不死之躯，因此被人们奉为这座城市的统治者。

该隐极具领袖的魅力，能够影响周围的人，按照他的方式看问题。更重要的是，他能控制他人的感情，例如说，他能让一屋子愤怒的人平静下来，也可以反过来，令一群无精打采的人群情激昂。这是一种非常微妙的天赋。

然而，位高权重的该隐却身在高处不胜寒，每当夜幕降临的时候，孤独就像潮水一般袭卷而来，怎么也排遣不开。该隐没有一个可以谈心的朋友，人类在他眼里，只是奴隶，供给他无尽的血源。14世纪的时候，该隐开始大范围地和人类初拥，寻找适合做自己后代的对象。可是，很多人无法接受初拥而导致的神经紊乱。因为接受初拥的人类症状与瘟疫相仿，所以当时的人类社会认为这又是一次大范围的瘟疫。这一可怕的瘟疫迅速扩张开来，殃及东普鲁士、西里西亚、波希米亚等地区。最后，该隐选择了三个孩子，成功地使他们变成了吸血鬼，继承自己的衣钵。第一个被初拥的孩子就是希拉，另外两个男孩子分别是因诺奇（Enoch）和爱兰德（Irad）。

"我赤着双脚踩在冷冰冰的地上，感觉是这么的踏实而又漫长，我愿和

■19世纪，布莱姆斯托创作了《德库拉》。
□19世纪，工业化得到了进一步的发展。工会等组织开始出现。

该隐和希拉用实际行动证明了
吸血鬼之间也有爱情　　　1-4

你永远一起走下去,就这样一直走下去……我在想,我的前世,真的就是你放飞的蝴蝶,为你一生只跳一支舞。"在墙面斑驳的柯尼希施泰音城堡里,希拉匍匐在该隐的脚边,吻遍了他的每一个脚趾头,一边吻,一边诉说着绵绵的情话:"我愿成为你生命中碧绿的伊甸园,一旦投入了我的怀抱,你将不再有烦恼和忧愁。"

　　按理说,希拉被该隐初拥后,成为了他的后代。但是,在见到该隐的第一眼起,希拉就深深地爱上了该隐。吸血鬼也有感情,也渴望能够拥有一份美好的爱情。该隐和希拉同样无法拒绝对爱情的向往,他们抵挡不了异性相吸的规律,跨越了辈分,双双坠入爱河中。两具某种程度上的死尸疯狂热恋了,他们没有心跳和脉搏,也没有呼吸,更没有体温,但是,他们有自己的思想,会思考,甚至还会为情所伤。从此,他们双宿双飞,每当夜幕降临的时候，就一起结伴出去寻找赖以维生的特殊食物，一起享受鲜血那浓烈的味道。他们用沾满人类鲜血的嘴唇互相亲吻着对方，表达爱意。

吸血鬼牢牢地掌握读心术这一特异的功能，当然，他不能在任何地方听得到任何人的心思，必须离得很近。而且，越是熟悉某人的声音，能听到他们的距离也就越远。该隐和希拉爱得这么深，即使他们互相之间离得很远，也可以运用读心术，听到对方的心声，及时了解对方的所思所想。一旦发现对方身陷险境，马上飞奔过去，双双携手，一起对抗强敌。

在希拉刚刚被初拥之后，体内还保留着残存的人性。她认为自己还可以和从前一样，自由地行动和生活。最初的时候，也曾试图对抗自己的行为，但是本性最后占据了上风，她逐渐习惯新的生活方式。最后，她彻底明白了自己已经不是常人。

做了吸血鬼之后的希拉，远离繁华的都市生活，蜷缩在古堡里，每日里和该隐作伴。由于吸血鬼本身的体质，她将永远不会衰老，目睹周围世界的变化，目睹爸爸妈妈随着年老体衰而相继死去，没有快乐也没有哀伤，情绪上没有一点波动。日复一日，用鲜血和生命作为自己的食品，希拉对曾经的同类——人类逐渐丧失了爱心，认为他们不过是一些弱小的生物罢了。希拉变得越来越像该隐，他们一起藐视人类，而且生出强烈的嫉妒心，彻头彻尾沦为无可救药的冷血恶魔。

 ## 诺亚大洪水

吸血鬼们不停地繁衍后代，很快，在城市中，吸血鬼的数目就超过了人类。

　　为了维持生存状态，吸血鬼必须吸食鲜血。一般来说，大部分吸血鬼通常吸食人类的血液，但是也有部分吸血鬼以吸食动物甚至其他吸血鬼的血维生。从吸食的途径上来分，一些吸血鬼会豢养牲畜（Herd），这些牲畜并非牛、羊之类的动物，而是一些因为某种原因自愿贡献鲜血的人类；另一些吸血鬼会利用特殊场合诱惑人类达到目的；还有一些吸血鬼通常采取攻击的方式强行吸食血液。

　　而且，吸血鬼成员由于拥有特殊异能和不死之躯，各据一方，俨然以霸主自居，他们之间甚至互相争权。

　　往往，在吸血鬼和受害者之间，时常还有一种掺杂着情欲的施虐与受虐关系，由于吸血鬼本身所具备的魅力，就像食肉的鲜花一样，在身体方面对猎物极具诱惑力，可以使人在极度幸福中死去，难道还有比这更有诱惑力的吗？

　　人们愤怒了，在天主教教会的组织和带领下，不断地尝试用各种他们认为可以使吸血鬼害怕的东西，比如大蒜、圣水和木桩，来消灭吸血鬼。有的人拥有极端强烈的宗教信仰，用十字架来暂时抑制吸血鬼。但是，这些方法都是徒劳的，强大的吸血鬼绝不会因此而致死。

　　"木桩确实可以致我们于死地！"该隐扯着嘴角，露出轻蔑的冷笑："但是，这需要人类把我们捉住，把木桩钉到我们的心脏里，然后再拔出来。只有这样我们才会死去。可是，他们将如何捉住我们呢？难道我们是任由摆布的木偶？"

　　在该隐的纵容之下，吸血鬼们越来越肆无忌惮。中世纪的欧洲整个处于吸血鬼的阴影之下。人们恐惧到了极点，把那些出生时嘴里遍有牙齿的人，头顶上有胎膜的人，瞳仁颜色极深或瞳仁颜色极浅的人，长着红棕色头发的人，身上有红斑的人以及被认为与出卖耶稣的犹大相类似的人，都一律视为是注定会成为吸血鬼的人，把他们统统打入了吸血鬼的行列，无情地抛弃他们。

上帝大发雷霆，决定惩罚吸血鬼们恶劣的行径。诺亚大洪水爆发那天，巨大的水柱从地下喷射而出，大雨日夜不停，降了整整40天。水位迅速上涨，比世界上最高的山巅都要高出15寸。洪水将整个城市，包括住民和吸血鬼都吞没了。诺亚方舟载着上帝的厚望漂泊在无边无际的汪洋上，越行越远，不知所踪。一直到黄昏时分，一只鸽子衔着橄榄叶出现了，向世人宣告洪水已经消退了。后世的人们就用鸽子和橄榄枝来象征和平。

"希拉，亲爱的，你在哪里呀？"清冷的月光下，该隐追逐着退潮的洪水，大声呼唤着希拉的名字。和希拉在一起的点点滴滴涌上他的心头，是那么的甜蜜，又是那么的哀伤。在该隐的生命里，除了无忧无虑的童年时光以外，和希拉在一起的日子，就是他生命里最温馨最美好的部分了。可是，该隐整整找了三天三夜，都没发现希拉的踪迹。该隐明白，希拉已经被诺亚大洪水冲走了，再也不会回到他的身边了。绝望到了极点的该隐，滴不下一滴眼泪，他知道，他和希拉之间的恩爱也已经退潮，从此只剩下回忆。

读心术读不到希拉心跳的声音，该隐终于崩溃了，他既不能保护自己心爱的希拉，也不能陪她一路走下去，只能在余生冗长的时间里，用他的每一分每一秒想她，那将是令人窒息的痛苦……该隐长长的黑色斗篷一路拖过去，没有希拉的生命，太沉重了！

很快，该隐怀着无比的愤恨，伤痕累累地离开了这个令他不堪回首的伤心地——第一城市。他相信诺亚大洪水是上帝对于他的惩罚，因为他让别人一起分担了他的诅咒。

历史事件特写：诺亚方舟

诺亚方舟（Noah's Ark），是上帝为了让正直本分的诺亚一家人，以及

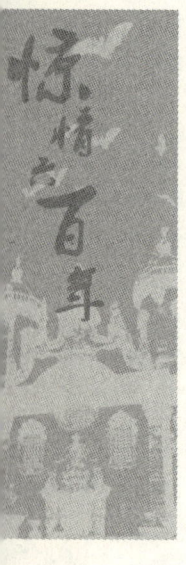

世界上的各种陆上生物能够避开诺亚大洪水,要求诺亚建造的一艘方形大船。

诺亚方舟是用歌斐木,一间一间地造,里外抹上松香。方舟长300肘(1肘＝0.44米)、宽50肘、高30肘,分上中下三层,上边留有透光的窗户,旁边开着一道门。足足花了120年的时间才竣工。

2月17日,诺亚大洪水爆发,诺亚方舟随波逐流,漂浮在汪洋大海中。最后,于7月17日,停靠在了今土耳其东部的阿姆斯山脉。阿姆斯雪峰是世界上最高的山峰,四周冰川环绕,俨然一个世外桃源。

很多人不清楚,动物们登上诺亚方舟的时候,都是手牵手,一对对上的。诺亚方舟,原本就是人类得以繁衍生存的象征,用爱情的手段,反复演绎着将一对对陌生人变成情侣,又将一对对情侣变成陌生人的游戏。

 第二城市

　　由于该隐的离去,其他吸血鬼再也不必按照他的教条来处事了。第三代吸血鬼是诺亚大洪水的幸存者,他们自恃是所有吸血鬼中力量最强大的一代,有着号称可以和神并肩的能力,分别创立了吸血鬼的十三个家族,各有各的生活习惯和特性,互相之间争斗不休。他们甚至无情地消灭了他们的长辈——第二代吸血鬼。

　　到了15世纪末期,第三代吸血鬼重新建造了一座城市,历史上称之为"第二城市"。作为该隐的子孙,他们统治着这座城市,就像该隐当年的统治一样。但是,平静的生活同样没有维持多久,在吸血鬼之间就发生了激烈的争执。他们不断地收买人类作为自己的爪牙来互相抗衡。争执使得每样东西都被毁坏了,于是吸血鬼的圣战(Jyhad)开始了。

1493年8月22日的深夜，第二城市的半空中闪动着无数双眼睛，由于仇恨而满目通红，红得就要滴下血来。在经过一整个白天的煎熬和等待后，吸血鬼们披着黑色的长长的斗篷纷纷出动了，这一次，他们不是去寻找人类作为食物，而是同类相残！

天际隐隐有雷声乍响，魔法仿佛一锅烧开了的热水，开始沸腾。吸血鬼们青面獠牙，锐利的长指甲划破了夜的寂静，处于战斗状态中的他们，浑身散发出强大的力量气波，互相碰撞，常人听不见，吸血鬼们却会震得耳膜破裂，而且心脉悉数被震断。

不到10岁的罗伯斯刚刚被初拥不久，功能尚未强大起来。当他意识到危险的时候，已经来不及逃跑了。一股黑烟随即包围住罗伯斯，安德鲁扇动着翅膀从天而降。一滴滴寒冰从安德鲁的指尖滴下来，眨眼间就把罗伯斯冻成了一座冰雕。接着，安德鲁伸出又冷又硬的爪子，掐住罗伯斯的脖子，凑上嘴就开始吸食鲜血。

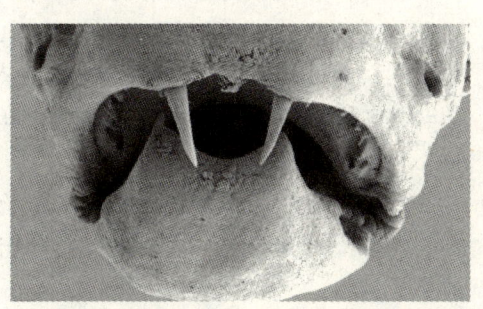

只剩下这两颗尖利的长牙可以证明吸血鬼曾经存在过　　　　　1-5

这是一场没有硝烟的战争，许许多多和罗伯斯一样年幼的生命刹那变成了雪白的亡灵，无声无息的消失在夜幕中。

这场旷日持久的战争从诺亚大洪水时代一直打了几万年，直到中世纪。

这是一场永不停息的征战。千年圣战使得吸血鬼种族大伤元气,可是高等的吸血鬼无需为此担心,因为在他们的眼中,生命只是一个玩笑……

人物小传
无人喝彩的舞台——安德鲁

安德鲁原本是一个长相斯文白净,笑起来隐隐带一点腼腆的绅士。不幸遭遇初拥后,形象就此破灭,活着的意义也被黑暗吞噬了。每当夜幕悄无声息笼罩下来的时候,安德鲁就恨不得伸出手把夜幕扯下来,揉成一团,扔进垃圾桶里。可是,一股无形的力量早已经牢牢地控制了他的神经及全部意识,他只能机械地迈开脚步,乖乖地走进氤氲的夜色中,寻找猎物。

夜幕下的安德鲁最肆无忌惮,每一根细长锐利得出乎人们想象的长指甲,都是他致命的武器。

当安德鲁低头吸食猎物的鲜血时,全身的每一个毛孔都因为极度兴奋而扩张到最大。也只有在那一刻,他才能无所顾忌地释放一整个白天积攒起来的所有情绪,幸福到忘我。唉,也只有这可以填饱肚子的食粮,才是他全部幸福的来源。

可是,为什么每当安德鲁掐断猎物的脖子时,随着那"咔嚓"一声响起,他同时可以清晰地听到自己心碎的声音?

安德鲁无法原谅自己的所作所为,却又止不住地一天天沉沦下去。一切都不在自己的掌控之中。

安德鲁仰头望着沉默的天空,期待黑暗完全退去,换成一个更大的舞台。他深深明白,这个舞台不属于他。于是,安德鲁转身,随夜幕一起隐退。

安德鲁一边走,一边安慰自己:为了死亡而活,生就是预演着死亡,一次次的预演,终究是为了最后一次的完美。

酷睿点评

吸血鬼既不是人，也不是神，他们风华绝代，资质无双。也许超凡的，就必定要受到更多的折磨。劫数是一种考验，同时也是一面镜子。生命有劫，才有度，只有被逼到绝境，才能够见到最极致。吸血鬼就是悬崖上那只折翅的苍鹰，一双翅膀承载不了太多的沉重！

游走在人和神之间的吸血鬼，原本也是父母生养的血肉之躯。千百年来，人们始终坚持不懈的努力寻求各种方法，消灭这些隐藏在黑暗中的恶魔。我想，与其费尽心思去消灭他们，不如用爱去温暖他们，唤醒他们体内原本残留的人性，回到我们中间来。

吸血鬼一边吸食人类的鲜血，一边嘲笑人类比他们有过之而无不及的贪婪，其实他们就是我们黑夜里的那道影子，和我们你中有我，我中有你，互为一体。

听，城市的某一处暗角隐隐传来哭声，那是吸血鬼在哭泣，他们已经开始在反思，与体内的意念做最激烈的斗争。但愿吸血鬼们浴火重生后，重新焕发出生命的光彩。

让我们一步步互相救赎！

千年圣战

千年圣战，旷日持久，看不到硝烟，却弥漫着浓浓的血腥。
十三血宿争勇斗狠，人类是这场战争唯一的受害者。
当亲情、爱情和友情同时在战火中灰飞烟灭，吸血鬼族群堕入永不超生的深渊里。
这是一场无法告别的战争。

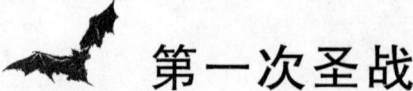 第一次圣战

　　1490年5月27日凌晨，半个月亮在云层中游离飘忽，窥视着大地，说不出的诡异。

　　巍巍苍苍的布拉迪斯山，重峦叠嶂，悬崖峭壁陡立。忽然，几条黑影风驰电掣一般从黑暗中窜出来，往山下冲过去，缭乱的长发在风中狂舞，惊醒了无数正沉浸在睡梦中的鸟儿，吓得它们扑簌簌拍打着翅膀，四下里乱飞。"轰！轰！"两声巨响后，空气里弥漫起一股烧焦的气味，一条黑影回过头去张望，发现身后的萨登城堡浓烟滚滚，烈焰翻腾，被火海湮没了。黑影悲痛欲绝，爆发出一声歇斯底里的大叫，一头撞到一棵参天古树上。树木顿时被拦腰折断，轰然倒地，激起一片尘土。

　　前一天晚上，天还没全黑下来，吸血鬼冈格罗（Gangrel）就从棺材里钻出来，屁股后面挂下来一条长长的狼尾巴，大摇大摆地朝山下走去，准备出去饱餐一顿。血族社会中分13个氏族，每个氏族都以族长的名字来命名，冈格罗是冈格罗族的族长，他们的成员是血族中的另类，拥有令人不安的野性与动物特征，身体某些部位在天黑以后会变成动物的特征。

　　吸血鬼布鲁加（Brujah）也饿了一天了，夺门而出，不小心踩住了冈格罗的尾巴。布鲁加是个无政府主义者，天生的叛逆分子，血液里流动着全血族最好战的基因。冈格罗痛得嗷嗷大叫，抡起巴掌不由分说就甩了过去，冲着布鲁加破口大骂："你小子吃了豹子胆了？竟敢踩我！"

　　布鲁加眼里的火苗跟着就窜了出来，"噼里啪啦"作响。可是，布鲁加很快就把火焰给压了下去，随即转身离去。由于布鲁加在1485年曾经背叛过族群，想要自立门户，因此成了整个族群里最不受欢迎的成员，平日

■1484年4月14日，意大利教皇英诺森八世签发绝密文件《吸血鬼处理条例》。
□1484年，法国数学家许凯写成《算术三篇》。

里受尽了白眼和唾弃，任何一个吸血鬼稍微有点不高兴，就拿他出气。谁也没有听见，布鲁加一边走，一边把牙齿咬得"嘎吱"作响。夜色涨潮一样，渐渐淹过布鲁加的头顶，整座布拉迪斯山缄默在一片黑暗里，两只鸟儿互相递了个眼色，便悄无声息地飞走了。

5月27日天快要亮的时候，吸血鬼们才打着饱嗝转回来，伸着懒腰睡下了。萨登城堡旋即陷入一片死寂中。不知从哪里钻出一只黑猫，扯着嗓门兀自叫个没完，生生把一只蚊子吓破了胆。

门开了，布鲁加带回来一个初拥的对象，是一个年轻漂亮的女孩子。吸血鬼末卡维（Malkavain）起身上厕所的时候碰见了。末卡维优雅而又精明，有着过人的洞察力，当下心里直犯嘀咕，怎么这个女孩的脖子上没有咬痕？末卡维这样寻思着，跟着挨近一看，冷不丁被女孩一脸的正气吓住，暗暗叫了一声"不好"，黑色斗篷随即"倏"的一收，飞走了。

布鲁加带回来的初拥对象并没有被初拥。冈格罗的一记耳光突破了布鲁加的心理防线，最后一根稻草压下来，囤积在布鲁加心里的不满终于达到了极限。5月26日当晚，布鲁加走下布拉迪斯山后，盘算着要借刀杀人，直奔欧洲教廷总部梵蒂冈，找到教皇，告发了萨登城堡这个隐秘的所在。第一城市在诺亚大洪水中被摧毁，血族中的生还者暂时寄居在萨登城堡里。修女阿格蕾丝自告奋勇，装成被初拥的对象，跟随布鲁加前去萨登城堡查看情况，一旦证实就向守候在山下的神职人员发出进攻的信号。

就在双脚离开地面的一瞬间，末卡维运用读心术，飞快地向整个族群发出危险的警报！旋即，一袭袭黑色斗篷争先恐后飞离地面，掀起一阵狂风。

成了一座空城的萨登城堡，瞬间被烧成一片灰烬。来不及逃走的吸血鬼纷纷葬身火海，灵魂在血与火的洗礼中，得到永生。

被迫转移的吸血鬼们愤怒不已，出其不意地杀了个回马枪，向布拉迪斯山进行反扑。第一次圣战就此爆发，这是血族第一次正面反击教会，明目张胆地跟人类争夺生存空间。至此，吸血鬼骨子里骄傲的本性彻底抬头

■1485年，布鲁加背叛血族。
□1485年8月，英法两国爆发"红白玫瑰战争"。

了,忍无可忍的他们决定不再沉默,鼓足勇气把教会狠狠地踩到了脚底下。

夜深了,冷风像无数把尖利的寒刀一样割裂了沉重的夜幕,撕得粉碎。森白的尖牙在黑暗中寒光闪现,血红色的眼睛里燃烧起愤怒的火焰,杀气腾腾。这堕落与哀伤的边缘,就是离地狱最近的地方。

吸血鬼们回到布拉迪斯山脚下,把守在那里的神职人员团团包围了起来。双方短兵相接,展开了激烈的厮杀。

神职人员明知道敌我双方力量悬殊,但是他们毫不示弱,展开肉搏战,做殊死搏斗。有的人奋不顾身地抱住吸血鬼往山下滚,滚动的间隙,把桃木扎到吸血鬼的胸口,与吸血鬼同归于尽;有的人咬牙切齿按住吸血鬼,卡脖子、踢脑袋、揍鼻子、抠眼珠,边上其他人就帮着往吸血鬼的七孔里灌辣椒水。可是,吸血鬼垂死挣扎的同时,神智还清醒得很,冷不丁就把尖牙扎进神职人员的脖子上,然后飞快地把自己伤口上流出的血交换给他们,达到初拥的邪恶目的,使他们沦为自己的替身,在人间这个大舞台里,演绎生不如死的痛苦。

第一次圣战由血族内部的矛盾引燃导火索,导致教会和血族这两股人世间最强大的力量狭路相逢。人类和血族从以往的摩擦碰撞,终于衍生成此时此刻零距离的接触,双方全力抗衡着,进行着冰与火之间的较量,爆发出毁灭性的杀伤力。一时间,鲜血四溅,染红了夜幕,凝固了时间。血光夹杂着杀气与怨气直冲霄汉,撼动天堂。上帝拨开乌云,不动声色地望着这喋血的一幕,默默地在心里定下了世界末日的时间,2012年!

与此同时,吸血鬼的精锐部队直接开到萨登城堡的废墟上,打响了这一场战争中的重头戏。吸血鬼们争凶斗狠,不遗余力地攻打布鲁加和他的氏族,发誓要将背叛者铲除净尽,以确保整个族群能够千秋万代地传承下去。自己人打自己人,火力比任何一个时候都要来得更加猛烈。

布鲁加声嘶力竭地咆哮着,率领自己的后代一次又一次地奋起反抗。然而,寡不敌众,围攻之下,布鲁加这一支氏族终于体力不支,被打得丢盔弃甲,节节败退。后退的时候,布鲁加被冈格罗用利爪划破喉咙,顿时

■1490年5月27日,血族总部萨登城堡被人类焚毁。
□1490年,汶川发生第一次地震。

鲜血奔涌而出。布鲁加的后代再也无心恋战，背上他突破重围，准备亡命天涯。

"放我下去！"布鲁加大吼一声，滚到地上，跌跌撞撞爬到诺斯费拉（Nosferatu）的脚边，一连磕了好几个响头："好兄弟，谢谢你一直以来对我的照顾，我让你失望了！"

诺斯费拉由于长相丑陋，在血族中很不受待见，被戏谑为"二级残废"，平时沉默寡言。诺斯费拉和布鲁加同病相怜，惺惺相惜，每当布鲁加受到侮辱时，诺斯费拉都会挺身而出，用他单薄的翼翅，竭尽全力保护布鲁加，不使他受到更深的伤害。

"好兄弟，我们永远是一家人！"诺斯费拉从斗篷的下摆撕下来一长条，俯下身包扎在布鲁加的伤口上，帮他止血。

布鲁加和诺斯费拉抱头痛哭，哭声惊天地泣鬼神。可是已然身为吸血鬼的他们，却落不下一滴眼泪。

突然，布鲁加趁诺斯费拉不注意，掰下一根长指甲，猛地插入自己的胸口。

布鲁加以死谢罪，临死前恳求血族能够保留他的氏族，使他的血统得以继承下去。

就在5月28日晨曦第一缕阳光即将到达地面的刹那，吸血鬼们鸣金收兵，结束了战争。

吸血鬼们拖着长长的斗篷，渐行渐远，身后的血腥味却久久散不去，弥漫在天地之间。

人物小传
生命不能承受之轻——布鲁加

布鲁加很叛逆，无视血族社会中的条条框框，我行我素，这就使得他和别的吸血鬼之间难免会磕磕碰碰，一旦摩擦就会走火。而倔强如布鲁加又不肯示弱，只会

■1498年8月5日，克里斯蒂被初拥。
□1498年，中国沈启对潮水的侵蚀搬运进行观察，提出防止潮水侵蚀的方法，此方法也可防止海水的侵蚀。

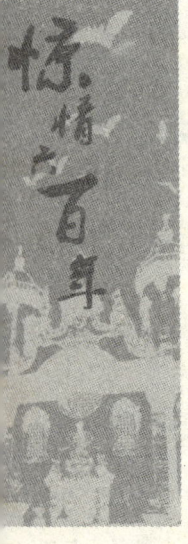

使双方的矛盾愈演愈烈，在一对多的情况下，布鲁加私心作祟，没有从大局出发考虑问题，居然借助死对手教会这个外力来和整个血族作对，终于导致不可收拾的地步。

也许，骨子里的叛逆性格决定了布鲁加的一生是寂寞的一生，也是充满了斗争的一生，总之，和平静无缘。叛逆是一种毒药，会让人上瘾，一旦上瘾就很难戒掉。不可否认，在被整个血族社会孤立的情况下，布鲁加的内心是最寂寞的，尽管他的心里写满了对整个血族社会的依恋，只是他平时树敌太多，自己给自己早早地立下墓碑。

现实生活中，在我们身边有很多布鲁加这样的人，不肯服从上级的命令，在集体中标新立异。其实，越叛逆的人越脆弱，无论他在外人面前有多要强，只有他自己明白内心深处有一个地方不能碰触，因为他很怕疼痛，深怕自己会因为无法承受以致瞬间崩溃，所以他必须要用面具来掩饰自己。叛逆的人是孤独的，能够交心的朋友少之又少，然而，也只有在孤独中他才会卸下一切伪装，完全释放自己，独自在黑暗中默默流泪。

叛逆如布鲁加，与整个血族社会格格不入，最后被淘汰出局，即使再有才华和抱负都将付诸流水。

总之一句话，性格决定命运。

 ## 哭泣的沙漏

海鸥声声，海浪在夕阳的抚摸下泛着温柔的涟漪。童年的克里斯蒂坐在海滩上玩沙漏，身后一道长长的影子，不知怎么的，弧线中透着说不出

■1500年7月13日，克里斯蒂第一次主动出去寻找猎物。
□1500年2月24日，神圣罗马帝国皇帝查理五世出生。

焚毁的萨登城堡　　　　　　　　2-1

的忧伤。

　　克里斯蒂把沙漏翻过来，又倒过去，反反复复地把玩。细细的沙如潺潺的流水，一点点地流失。沙漏倾斜着，连同这个世界一起倾斜。

　　漏沙在海滩上清晰地堆出一张脸。啊，妈妈！克里斯蒂大声哭喊着，把自己叫醒了。

　　不断漏下的沙，就像是流动的音符，勾起了绵长久远的回忆，回忆里渗着痛。说起来，命运跟克里斯蒂开了一个不大不小的玩笑。吸血鬼妥芮朵（Toreador），这个号称血族中的艺术家，正是看中了克里斯蒂堆的沙画，一心想拥为己有，在1498年8月5日把克里斯蒂初拥了。人生至此对于克里斯蒂而言，成了一场无日无光的斗争，消散了幸福的光华，找不到努力的方向。多少个日日夜夜，克里斯蒂在极度的孤独与恐惧中呼喊，却得不到回应，从此梦魇缠身。

　　1500年7月13日晚上，克里斯蒂饿极了，不等族长催促，就迫不及待地跑出去寻找猎物。曾经，克里斯蒂是个天使一般善良的好孩子，连蚂蚁都不敢伤害，爱这个世界上的任何事物，可是现在的他，在地狱中渐渐被煎熬成魔鬼，每当天色暗下来的时候，潜伏在他身体内的兽性就开始抬

■1505年12月24日，修女阿格蕾丝被发现怀孕了。
□1505年，正处于葡萄牙历史上著名的大航海时代。

头。克里斯蒂的灵魂深处,充满了无法解释的矛盾与不可思议的裂变,现在的他别无选择,不做吸血鬼还能做什么?

克里斯蒂在纷乱浮华的都市中漫无目的地游走,不知不觉地来到了海边。

清冷幽深的海面上,一艘船摇摆不定地漂泊着,漂向遥不可测的未来,谁都想象不到将会发生些什么?

克里斯蒂站在金黄色的沙滩上,漆黑的眼眸如黑洞一样,望着遥远的海平线发呆。突然,远远地传来焦急的呼喊声,时断时续,中间夹杂着低低的啜泣声。克里斯蒂竖起耳朵仔细辨认,依稀听到在喊自己的名字,啊,亲爱的妈妈就在眼前!克里斯蒂拔起双腿卯足了劲冲过去,他要投进妈妈的怀里痛痛快快地哭一场。可是,刚跑出去没几步,克里斯蒂一个急刹车,猛地停住了脚步。他不敢靠近,害怕自己会忍不住初拥妈妈。想到这里,克里斯蒂掉头就往相反的方向跑。妈妈的叫声在海浪的推搡下,竭力追赶着克里斯蒂,越来越近。克里斯蒂低了头拼命朝前冲,已经变成吸血鬼的他痛苦到无法落下一滴眼泪。

克里斯蒂沿着海堤跑,绕了大半个圆,冷不防撞到一个人的怀里,抬头一看,居然是妈妈!

妈妈已经疯了,没有立即认出克里斯蒂。在妈妈的记忆中,儿子永远停留在失踪前的那个模样。

"妈妈,是我,克里斯蒂!"克里斯蒂使劲地摇着妈妈的肩膀,想要把她摇醒。

妈妈体内鲜血的腥味强烈地刺激着克里斯蒂的嗅觉。饥饿的疼痛感涌上来,克里斯蒂忍不住把嘴巴贴在妈妈的脖子上。海浪愤怒地拍打着岸堤,破口大骂,竭力制止这一不孝的行径。克里斯蒂猛地清醒过来,飞快地从妈妈的怀里挣脱出来,转身就跑。

"孩子,真的是你吗?"妈妈突然冲着克里斯蒂的背影叫道,声音恢复了往昔的温柔,意识开始清醒。

■1506年10月15日,阿格蕾丝生下莫里哀。
□1506年5月20日,著名的航海家哥伦布逝世。

啊，妈妈认出自己了，克里斯蒂又惊又喜。

"不，我不是克里斯蒂，妈妈你别过来！"克里斯蒂抱着头，一边叫一边跑。

妈妈怎么舍得再次让儿子离开自己？母子俩就这样一前一后追赶着，穿越大街小巷，步入生命的迷宫，找不到出路。

人物小传
伤心的妈妈

前不久，隔壁邻居家刚出生的小猫被别人抱走了，失去了孩子的猫妈妈不会开口说自己怎么难过，我们只会听到它每天夜里凄惨的叫声。这个母亲已经对生命彻底感到绝望了。

动物尚且如此，更何况人类？

母亲对子女的恩情，是天地间最无私最伟大的爱，无怨无悔。十月怀胎，一朝分娩，一条生命从孕育到呱呱坠地，一个母亲要承受身体裂变带来的巨大的痛苦。特别是抚养的过程，需要母亲付出多少的心血？而且这个过程是一生一世。青春会逝去，爱情会枯萎，友谊的绿叶也会凋零，而母爱则会永远伴随我们的一生，奏响我们生命中永恒的主题歌。

可是，克里斯蒂生命中的母爱交响曲却戛然而止。被强行剥夺了做母亲的权利的克里斯蒂的妈妈，伤心过头，以致发疯。克里斯蒂的妈妈潜意识里不愿面对失去儿子的现实，用发疯来逃避现实。也许只有在疯癫的世界里沉沦，她才可以暂时摆脱痛苦。我敢肯定，在那个美好的疯癫的世界里，妈妈和克里斯蒂一定会重新生活在一起，每一天的操劳都是幸福的篇章。

■1511年9月22日，查理带莫里哀里拜谒父母的墓地。
□1511年7月1日，葡萄牙占领马六甲。

失去孩子的妈妈是世界上最可怜的人。我们可以看见克里斯蒂的妈妈的心在滴血,只是她自己永远无法面对伤口。夜深人静时分,不成调的摇篮曲要唱给谁听?

让我们把康乃馨献给天下所有伟大的妈妈!

如果天堂有路,克里斯蒂的妈妈要上天去找儿子　　　2-2

 **钉在十字架上的爱情**

阿格蕾丝像一条鱼一样,从圣约翰修道院里悄悄地溜出来,蹑手蹑脚地来到后山的绿草地上,眯起眼睛,深深地呼吸着新鲜的空气。第一次圣战结束后,阿格蕾丝辗转来到了圣约翰修道院。在这里,阿格蕾丝受到了严密的保护,以防遭到吸血鬼的报复。

■1512年1月3日,查理跳崖自尽。
□1512年,日本战国时代伊贺流忍术的始祖百地丹波出生。

1505年12月24日平安夜，分圣餐的时间到了，阿格蕾丝拿着小小的圆面包，闻着扑鼻的香气，忍不住吐了出来。

　　身为修女的阿格蕾丝竟然怀孕了！这个消息不啻平地一声惊雷，整个圣约翰修道院都轰动了。这一个平安夜过得并不平静。

　　对于孩子的父亲，阿格蕾丝一直守口如瓶。阿格蕾丝静静地呆在自己的房间里，仿佛一块沉默的石头，把时光守成了一条河流，无声无息地流淌着。

　　转眼到了第二年金秋，在略带些凉意的阳光中，片片落叶轻舞飞扬，光与影不断地交替出现，令人捉摸不定。

　　十月怀胎，一朝分娩。1506年10月15日，天色刚刚暗下来，浓墨一样层层漾开，渲染出一个深沉的夜。就在这天晚上，阿格蕾丝生下一个男婴。圣约翰修道院里忙作一团，对于这个不受欢迎的小生命，神职人员心里矛盾极了，既排斥又兴奋，紧张中带着不安。

　　夜越来越深，围观的人们陆续离开。一阵风来，微弱的烛火被扑灭了，一袭黑色的斗篷从黑暗中剥离出来，缓缓移向阿格蕾丝的床边。婴儿像是预感到了什么似的，哇哇大哭。

　　阿格蕾丝哽咽地叫道："克里斯蒂，亲爱的！"

　　原来，克里斯蒂的妈妈疯了后，多亏了阿格蕾丝的照顾，这才逐渐康复。由此，克里斯蒂对阿格蕾丝充满了感激之情，而阿格蕾丝对克里斯蒂的遭遇也深表同情，两颗心越拉越近，终于融在了一起。

　　克里斯蒂和阿格蕾丝抱着孩子，喜极而泣。眼前这条新生命重新点燃了他们对未来的希望，为他们找到了生存的意义。就在一家三口团聚的时刻，门被踹开了，圣约翰修道院的神职人员一拥而入，把他们活生生拆散了。

　　根据1484年4月14日，意大利教皇英诺森特八世（Innocent Ⅷ）签发的绝密文件《吸血鬼处理条例》上的相关规定，克里斯蒂被灌了圣水之后，又被钉在十字架上，高高地悬在半空中示众。底下人头攒动，大大小

■2012年，上帝制订的世界末日。
□2012年，英国伦敦将举办第30届夏季奥运会。

小的石块随着咒骂声一起朝克里斯蒂涌过去。克里斯蒂是历史上第一个被人类活捉的吸血鬼,人们把对吸血鬼的仇恨,全部发泄在了克里斯蒂的身上。殷红的鲜血从克里斯蒂的身上渗出来,沿着斗篷的下摆滴下去,地面上积了一大滩。触目惊心的红,像一朵朵花炽热地绽放在夜幕下。

"去,把这枚十字架钉在他的心脏部位,用你的手杀死他,这样你就可以摆脱和他的干系了,你的孩子也就可以接受洗礼了!"神父拿着一枚钢制的尖头十字架,对阿格蕾丝说。

爱或不爱,这样的选择何其残忍。阿格蕾丝全身的体温骤降,血管里流动的血迅速凝固,连痛的感觉都被冻结。有一扇门轻轻地打开,通往另一个黑暗的世界。阿格蕾丝禁不住长叹一声,不知道在那个世界里会不会也有黑暗和斗争?

"宝贝,妈妈爱你!"阿格蕾丝俯下身,解掉胸前的纽扣,给孩子喂奶。月光照在孩子的脸上,细细的绒毛焕发出一圈淡淡的光晕。阿格蕾丝低下头,深深地亲了孩子一口,轻轻地把他放在地上,一步三回头地走了。一边是儿子,一边是爱人,该怎么下完这盘命里注定的残局?

玫瑰花的葬礼　　　　2-3

阿格蕾丝挤进层层包围的人墙里,来到钉着克里斯蒂的那座十字架脚下,仰起脸冲着克里斯蒂笑道:"亲爱的,我来了!"

天亮了,太阳出来了,克里斯蒂被阳光照射得浑身灼痛,好像有无数条火蛇从他的身体里面钻出来,到处乱窜。阿格蕾丝看在眼里,痛在心上。

阿格蕾丝提着花篮,里面堆满了清晨刚摘下来的玫瑰花,花瓣里还滚动着清芬的露珠。阿格蕾丝把玫瑰花一朵一朵贴到十字架和克里斯蒂的身上。突然,一股火蛇窜下来,烧着了阿格蕾丝的头发。

克里斯蒂和阿格蕾丝在火海中连成一体。玫瑰花被火烧得香气扑鼻,一股风吹来,香气传出去很远很远……

墓地上跳舞的蒲公英

春去秋来,生命和岁月变幻无常。月亮冷眼旁观世事变迁,沧桑更替,过去和未来都迷失在这面超越时空的镜子里。时间在光明和黑暗之间来回穿梭,一转眼,5个年头过去了。

1511年9月22日下午,一个5岁的小男孩站在克里斯蒂和阿格蕾丝合葬的墓地上,撅着嘴轻轻一吹,象征着友谊的蒲公英纷纷扬扬,漫天飞舞,像无数只折断了翅膀的小鸟,在风中不断地挣扎着,哭着笑着。

这个小男孩叫莫里哀,就是克里斯蒂和阿格蕾丝的儿子。

"克里斯蒂,你放心,我会把莫里哀抚养成人的!"查理站在墓碑前,跟克里斯蒂和阿格蕾丝道别。查理和克里斯蒂是童年的好伙伴,当初就是查理奋不顾身救出了莫里哀,带走了他。随着莫里哀渐渐地长大,查理决定带他去西印度群岛生活,远远地离开欧洲,把一切阴影统统抛到脑后,开始崭新的生活。西印度群岛远在大西洋的另一端,在查理看来,是最安全的所在。一直以来,教会和血族两股势力都在寻找莫里哀的下落,都想把他据为己有,发展成为自己这一方的传人。中世纪时期的欧洲,教廷在太阳底下掌握整个欧洲的皇权。阳光的背面是阴影,阳光普及的范围有多广,阴影就扩散得有多广。而当时血族的势力就像毒藤蔓一样迅速蔓延开来,整个欧洲都处于他们的控制之下。这两股一正一邪的力量势不两立,把整个欧洲变成了他们的战场。莫里哀只是这场

随风飘散的蒲公英　　　　2-4

战争中一枚小小的棋子，无论他成为哪一方的战利品，终究逃不掉牺牲品的命运。

可是，愿望再美好，却无法改变现实，阴影又岂是轻易可以摆脱掉的？等查理转过身去的时候，赫然发现莫里哀不见了。不远处，秋风如捣，敲响秋草衰落的哀歌。

莫里哀到哪里去了？蒲公英在空中不停地旋转着，就像无处寄放的灵魂，随风飘荡。查理到处寻找莫里哀，只要有蒲公英的地方，就会出现他焦急的身影。

查理揣度，莫里哀一定落到了吸血鬼的手里。最后，查理来到圣约翰教堂，向神父寻求帮助。为了找到莫里哀，查理表示愿意放弃红尘的一切俗务，遁入空门，做一个虔诚的修道士，一辈子为神服务。在当时，越来越多的人为了打击吸血鬼，纷纷效仿查理，自愿加入修道士的队伍。

 歃血为盟

1512年的冬天特别冷，大雪夹杂着凌厉的阴雨，一刀一刀刻画着特兰西瓦尼亚（Transylvania）。这个吸血鬼经常出没的地区，位于喀尔巴阡山的利赫悬崖。

1月3日深夜，一个小男孩爬到利赫悬崖上，发出与年龄不符的叹息声。一股穿透灵魂的伤痛，缠绕着少年稚嫩的身躯，淹没在无边无际的黑

暗深渊里。

"孩子!"查理突然出现了,欣喜若狂,张开双臂正要把莫里哀拥进怀里,蓦地发现他两边的嘴角露出尖牙,但还不是很长,只露出尖头。查理顿时泪水汹涌而出,找了将近半年的时间,才找到莫里哀,没想到他已经变成了吸血鬼。

"叔叔!"莫里哀扑进查理的怀里嚎啕大哭。这个被诅咒的孩子,命里注定无法摆脱悲凉的基调,他的诞生,也许本身就是恶魔为挣扎和背叛留下的证据吧。

"雏儿,你是吸血鬼克里斯蒂的子嗣,离开我们就意味着背叛整个族群!"一个苍凉而又尖细的声音骤然响起。说时迟那时快,一双干瘪冷硬的手,从黑暗中伸出来,老鹰抓小鸡一样一把揪住莫里哀的后背,把他整个拽了起来。来者竟然是有着"黑暗之手"称呼的吸血鬼萨巴特(Sabbat),在血族中臭名昭著,是血族中最残忍的分子。

莫里哀吓得伸着胳膊踢着腿,又哭又叫,拼命要往查理怀里扑过去。

查理"唰"地一下抽出宝剑,剑身爆发出森寒的光芒,整个人跟着闪电般迅速出击,只见他纵身一跃,剑芒如流星般划过夜色,朝萨巴特狠狠地刺了过去。

萨巴特是一个资历很老的吸血鬼了,早已练就超常的特异功能,轻轻一闪,轻易就避开了查理的宝剑,接着手掌一翻,猛地扣住了查理的手腕,指尖紧紧掐住他的脉搏。

正在这生死攸关的时刻,漫山遍野燃起无数火把,仿佛一条游龙,从山脚蜿蜒而上。圣约翰教堂的神职人员已经赶过来了。不一会儿,整座喀尔巴阡山就被火光重重包围了起来,连鸟儿都插翅难飞。

情急之下,萨巴特运用读心术,向血族的总部发出紧急求救的信号。

血族见教会不肯放过自己这一个族群,顿时新仇旧恨添作一团,嘶吼着倾巢而出。就这样,教会和吸血鬼之间又一次面对面爆发了战争。可谓仇人相见分外眼红,当下两帮人马一碰头,二话不说就开打。不大一会儿,

尸体堆积如山，残肢断臂到处都是。

查理强势出击，想要抢回莫里哀，可是萨巴特早已不见了踪影。查理提着剑，一鼓作气追了过去，半路上被另外一个吸血鬼拦住了去路。一阵乒乒乓乓激烈的打斗，查理一剑刺穿了吸血鬼的胸膛。地上的残叶被这庞大的杀气激起一尺之高。突然，查理爆发出"啊"的一声惊叫，碧绿的眼眸里燃烧着熊熊烈火，似乎要把这整个世界焚烧成灰烬。

原来，萨巴特趁查理不注意的当口，从后面反抄过来，趋身上前，贴在查理的身上。萨巴特和别的吸血鬼不同，只要他贴到一个人的身上，就会透过皮肤吸食人体内的鲜血。

查理不幸被萨巴特初拥了，他担心自己会对其他人不利，再也顾不上莫里哀，跑到利赫悬崖上，纵身跳了下去。

漫山遍野下起了大雪，仿佛在奏响生命的葬歌，为死者送行。不一会儿，大雪封山，把神职人员和吸血鬼分别冻结在各自的阵地上，不得动弹。战争被迫中止。

喀尔巴阡山上的战争是第一次圣战的延续，同时也为第一次圣战做了小小的收尾。当战争的硝烟散去之后，血族主动派代表去梵蒂冈，和教皇谈判，签订了停战条约。从此以后，他们各自为政，互不侵犯。

血族在这场战争中的损失不大。为了保存实力，血族把辈数低的吸血鬼当炮灰，驱使他们打前锋。战后，为了加强管理，血族还在内部进行了整顿，根据相同的哲学观把十三个氏族划分为两大主要党派，产生了密党盟派（Camarilla）和魔党盟派（TheSabbat）。

作为整个血族社会中最大的盟派，密党在创立之初立下了六道严格的戒律传统（Six Traditions）。其中第一条传统是最核心的血族戒律，也是整个戒律传统的最高宗旨，要求盟派中的后世吸血鬼永远遵行，就是规定吸血鬼必须隐匿于人类社会中，绝对不得暴露身份，以免导致吸血鬼生存的危机，这就是"避世"（The Masquerade）戒条的由来。违反此传统的血族将会受到最严厉的处罚。

为了获得欧洲教廷的信任，萨巴特于 1513 年 7 月 28 日被血族逐出欧洲，沦为这场战争的牺牲品。

人物小传
友谊万岁

　　查理是一个有情有义的好男人，对朋友克里斯蒂更是肝胆相照，两肋插刀。查理和克里斯蒂是发小，我们可以想见他们之间情同手足，由于同情克里斯蒂沦为吸血鬼的悲惨遭遇，查理不惜冒着生命的危险，在教会和血族两股势力的纠缠下，坚持抚养克里斯蒂的儿子莫里哀，最后自己不幸卷入斗争的漩涡中。在被吸血鬼初拥以后，查理首先考虑的不是自己，而是担心自己会对人类不利，毅然跳崖自尽。这是多么悲壮的一幕啊！当查理跳下万丈深渊的时候，相信严冬里也会飘起象征着友谊的蒲公英。

　　查理跳出了英雄气概，为他自己的生命添上了气节的光彩。一曲英雄的赞歌响彻整部吸血鬼史，可以说，查理是历史上最讲义气的吸血鬼，有着梅花的铮铮铁骨，有着高山的矢志不渝，有着大海的始终如一。查理更是跳出了小人物的气节，连天地都为之动容，感佩不已。而且这一跳，查理对朋友克里斯蒂的爱已升华为对全人类的爱。

　　生命中能够遇到查理这样的好朋友，相信克里斯蒂地下有知，也会开心一笑。也许上帝故意安排克里斯蒂做吸血鬼，从而向全世界推出有着完美人格的查理，树立楷模。

克里斯蒂是不幸的,同时也是最幸福的吸血鬼,他拥有人类所有的高品质的爱,亲情、爱情和友情。

查理跳崖的地方   2-5

历史事件特写:魔族和第一次圣战

血族社会中的13个氏族,在经历了第一次圣战后,分别划分为三大派系。其中以密隐同盟为最大,下辖布鲁加、冈格罗、末卡维、诺菲勒、托瑞多、辛摩尔、梵卓等氏族。第二大派系是魔族,又称为"魔党盟派"或"魔宴同盟",主要包括勒森巴族和棘秘魑族。第三个派系属于中立氏族,分别由乔凡尼、雷伏诺、阿萨迈、希太等氏族组成。另外还有"灭亡氏族"卡帕多西亚,以及贱民。

魔族自诞生之日起便将血族与人类卷入了无休止的混战之中。他们认为,履行"圣战"的承诺是使血宿提前复苏的唯一方法。在魔族看来,"圣战"囊括了一切的历史事件,即便是与人类的心理斗争,也是"千年圣战"的组成部分。

12世纪前后,血族的一支蜕变为魔族。魔族同样以鲜血为食,但他们血统污浊，相貌丑陋、神力怪异。他们的血液如毒脓般无法给人以神力与永生，凡被他们撕咬过的人类立刻变为行尸。行尸没有任何意志，完全听凭创造者的摆布，与它的创造者结为一体，共享生命。魔族崇拜血宿阿波罗和火焰，他们深信，只有"焚炉末日"的到来，方可使灵魂得到解脱。

血族对血宿的传说又恨又怕。虽说他们表面上否定血宿的存在，心里却对末日传说的临近坚信不移。为了使种族永远延续下去，宏观及微观的准备工作一刻也不曾松懈。人类对魔族发动清洗，被认为是巩固权力和树立威望的重要步骤。这场波澜壮阔的战争一直延续到现在。

酷睿点评

第一次圣战，由血族内部的矛盾纠纷作为导火索，最后引发人类和吸血鬼之间的混战。可是，无论是吸血鬼内部的争斗，还是人类和吸血鬼之间的直接对抗，人类都不可避免地沦为这场战争的炮灰。说白了，吸血鬼本来就是靠吸食人类的鲜血作为维持生命的手段，他们体内原本流的就是人类的血。因此，对于整个血族来说，这是一场无本万利的战争，最后得利者只能是吸血鬼这一方。有时候，上帝的天平不是一般的倾斜，我们无力回天，只有静静地看戏。

第一次圣战拉开了吸血鬼战争史的序幕，它的结束其实是下一场战争的开幕式。在吸血鬼的战争史上，每一场战争都不是独立存在的，互相之间有着千丝万缕的关系，这真是"剪不断理还乱"。血族社会从此永无宁日，一地鸡毛。也许只要有生命的地方，就会有江湖。

 # 吸血鬼和夜魔女的战争

被赶出天堂后的莉莉斯，肆意拿自己的身体发泄，以此报复上帝。她和动物交配，甚至和魔鬼交配，生下无数妖魔鬼怪，作乱人世间。

为了争夺血源，吸血鬼和莉莉斯及其后代之间不可避免地发生了摩擦。战争的序幕就此拉开。

 夜魔女游走江湖

1575年4月14日,深夜,夜色不绝如缕,穿透人的心脏。撒哈拉沙漠的上空,有一大块云朵正以极快的速度飞行着。月光下的沙海跌宕起伏,默默地隐忍着。

惊涛骇浪中,一团火焰从红海的海面上缓缓升起,染红了整个夜空。统治着夜晚和星期五的夜魔女莉莉斯(Lilith)傲然挺立在浪尖,纵声大笑。

莉莉斯站在那里,艳丽如花。可是,最美丽的往往是最脆弱的,绝色尤甚。谁也看不到,美丽羽衣掩盖下的莉莉斯心灵上丑恶的伤疤。

这一位降临在黑夜里的女王,高傲地矗立在黑暗中,一双幽深的眼睛,轻蔑地扫视着周围,穿透了眼前的虚无。混沌初开的时候,上帝用泥土塑造了一个男人,又用灰尘塑造了一个女人,使他们结合成为夫妻。男的就是亚当,女的却不是我们通常以为的夏娃。莉莉斯才是亚当的原配,而且是世界上第一个女人。夫妻之间总也难免磕磕碰碰,莉莉斯和亚当结婚以后就没有停止过争吵,闹得伊甸园里鸡犬不宁。终于有一次,他们之间爆发了激烈的争吵,甚至大打出手。亚当被莉莉斯追着打,偌大一个伊甸园竟找不到可以藏身的地方,不由得又气愤又羞愧。亚当实在忍无可忍,跑到上帝跟前哭诉。上帝盛怒之下把莉莉斯驱赶出了伊甸园。

从此,莉莉斯的爱情和生活就像遭遇了一场恶作剧般,呈抛物线急剧下滑。

美丽不是罪,却可能会成为毒药。离开天堂后的莉莉斯,同时少了束缚,到处肆意绽放她的美丽,越妖越迷人,一时间石榴裙下俘虏无数。莉

■1350年,该隐遇到莉莉斯,学会了怎么吸食人血,真正走上吸血鬼的不归之路。
□1350年,卡斯蒂利亚国王"暴君"佩德罗登基。

莉斯专门盯梢单身男子,不择一切手段地得到他们,还靠吸收男人的阳气长生不老,永葆青春。曾经,莉莉斯看不起上帝硬塞给自己的亚当,不断地羞辱他。然而,离开伊甸园后的每一天,莉莉斯无时无刻不想起亚当,无论她后来结交多少异性,都无法取代亚当在她心中的地位,毕竟亚当是她生命中的第一个男人。在莉莉斯冰冷的心灵世界里,亚当曾经说过的每一个字,都是炽热的火焰。

莉莉斯低下骄傲的头,看向自己的左手,手心上掌纹纵横交错,形成一个个叉。"因为从一开始就错了,所以全是叉。"莉莉斯自言自语地说道,心痛得无以复加。

为了报复亚当,莉莉斯铁了心作践自己的身体,今夜,她又会寻找什么样的猎物呢?

莉莉斯悄悄地潜入圣克雷伍斯修道院。年轻的修道士格雷戈里正沉醉在梦乡里,紧紧地闭着眼睛,长长的眼睫毛随着均匀的呼吸轻微地颤动,五官完美到连男人见了都会动心。莉莉斯隔着蚊帐,贪婪地吮吸着格雷戈里身上散发出来的年轻男子的体香。"宝贝,你真像一只可爱的猫咪!"莉莉斯火烧火燎地钻了进去,匍匐在格雷戈里的身上,用自己的体温去唤醒他身体深处沉睡的欲念。莉莉斯的手一路往下,突然摸到了一个冰冷的硬物,猛地倒抽一口冷气。由于莉莉斯恶名远播,年轻的男子们睡觉时,身上都放着一个十字架,防止莉莉斯挨近他们。"这么点小把戏要是会难倒我,我还配称'夜魔女'吗?"莉莉斯说着,轻轻地吹了口气,十字架就从格雷戈里的身上掉落下来,一路滚进了床底下。"宝贝,你要拒我于千里之外么!"莉莉斯嘟囔着,重新趴倒在格雷戈里的身上,疯狂地吻着,一边利用冥想进入他的梦里。在梦里,莉莉斯和格雷戈里颠鸾倒凤,尽情地卖弄风情。

"哈哈哈!"莉莉斯满足之后,摇摇摆摆地走出了圣克雷伍斯修道院。

不料,才走出没几步,就被魔鬼撒旦挡住了去路。目光碰触的刹那,莉莉斯的灵魂受到了强烈的撞击,吓得转身就逃。撒旦的眼睛里射出两道

1370年5月24日,该隐离开第一城市。
1370年6月,明军攻入应昌,元朝灭亡。

恐怖的闪电,张牙舞爪地直追过去,撕扯着莉莉斯的衣服,把她抓回他的身边。

"宝贝,我们是同类,都一样的恶毒下作,哈哈!"撒旦的眼睛里噙着一抹邪恶的笑意,沙哑的声音里仿佛有流沙在倾泻,叫人听了并不撕心裂肺,但丝毫不掩饰他自己内心的沧桑。

撒旦骨子里透出来的高高在上的霸气,瞬间就把莉莉斯心底的最后一道防线给击溃了。莉莉斯身不由己,堕落为撒旦的情妇。

"来,宝贝,亲一下!"撒旦一把抓住莉莉斯的手腕,就往自己的怀里拉。莉莉斯一个踉跄,跌进撒旦的怀里。就在两个人脸贴着脸对视的那一刻,莉莉斯以往和别的异性在一起的不堪入目的一幕幕,在撒旦的幻想下,放电影一样出现在他的脑海里。顿时,嫉妒就像毒蛇一样啃啮着撒旦的心。撒旦浑身一个激灵,像被人踩到了痛处一样,猛地跳起来,一把将莉莉斯推倒在地上,甩袖离去。

邪恶如撒旦,面对绝色尤物莉莉斯,爱得自负又卑微。这份爱像一把沉重的枷锁,令人喘不过气来。莉莉斯受不了这样一而再再而三无休止的折磨,仅有的一点耐心被磨砺殆尽,终于山体塌方一样崩溃了,陷入了疯狂的状态。

找不到精神出口的莉莉斯,开始无所顾忌,甚至和野兽、魔鬼交配,借以发泄。

1580年3月17日早上,莉莉斯醒来后,赫然发现自己一双修长的美腿不见了,变成了一条巨大的蛇尾巴。

"天哪!"莉莉斯捧着蛇尾巴号啕大哭。

"你什么时候醒悟过来,并且改正一切不当的行为,蛇尾巴就会自动消失!"云层深处传来一声闷雷,莉莉斯知道,这是上帝在对她发出严厉的警告。

可是,莉莉斯这只耳朵进那只耳朵出,依然故我,反而变本加厉,以每日100个的速度产下孽种,同时,也以每日100个的数量杀死亚当的后

■1575年4月14日,莉莉斯遇到撒旦,并且做了他的情妇。
□1575年,中国商人林凤攻克马尼拉。

代,而且专门杀刚出生不久的婴儿。

"亚当,你这个匹夫,我恨你!"莉莉斯每杀死一个婴儿都要陪着掉一滴眼泪,发誓要让亚当断子绝孙。

莉莉斯痛恨亚当毁了自己的一生,致使自己沦落到今天这般人不人鬼不鬼的地步,过着生不如死的生活。错失了的爱情,犹如一艘驶过头的渡轮,莉莉斯眼睁睁地看着它离开了自己这座码头,怎么也追不上。

莉莉斯把婴儿的尸体投到红海里,血祭红海。红海开始变得越来越红,成为女人经血的来源。而作为从血海中诞生万物的代价,需要不断地向血海补充鲜血,于是,莉莉斯越发变本加厉,疯狂捕杀人类的婴儿,还美其名曰"人祭"。

"夜魔女"莉莉斯　　3-1

鲜血浸透心灵,灵魂祭祀给力量,红海周而复始地上演惨剧,无休无止。如果说莉莉斯之前还只是在堕落的边缘徘徊,然而,自从跟了撒旦以后,罪恶之门洞开,深入到不可测的未来世界,从此摒弃了一切人类的本性。

每当莉莉斯出去作恶的时候,有一双眼睛总是如影随形地跟着她,深邃的目光里透着一丝丝的担忧。该隐怎么会对莉莉斯如此关心呢?

人物小传
魔鬼也疯狂——撒旦

无疑,撒旦是爱莉莉斯的。他对莉莉斯的爱,无非

◀1579年,"夜魔女"莉莉斯和撒旦的女儿莉莉姆出生。
◁1579年,古俄罗斯攻占西伯利亚汗国。

基于一个共同点,两个都够坏。除此之外,撒旦和全天下所有的男人一样,都贪恋美色,他被莉莉斯绝世无双的容貌迷得不能自拔。只是,狡诈的撒旦,在爱情中清醒地玩迷魂阵,不让莉莉斯看出自己对她的爱。撒旦很好地掩饰了自己内心真实的感情,高明的手段,就连莉莉斯这个妖魔女都被蒙过去了。莉莉斯不懂得透过现象看本质,她为撒旦对自己的折磨而深深痛苦,又深深困惑,既然不爱她,为什么不放了她?情场高手莉莉斯,阅人无数,却在撒旦面前乖乖地败下阵来。

撒旦爱莉莉斯入骨,爱到想拥有她的全部,包括她过去的点点滴滴。而莉莉斯的过去却正是撒旦所不能够容忍的,仿佛一只只烟头狠狠地灼烫着撒旦的神经。邪恶如撒旦,在爱情中却有着极强烈的洁癖,结果自己苦了自己,也苦了莉莉斯。

撒旦太爱莉莉斯了,一心要揽她入怀,要她进入自己的生活,却不肯给她名分。老婆的地位在所有男人的心目中都至高无上,不是谁都能随便施与。撒旦有多爱莉莉斯,就有多痛苦于她的过去,甚至放弃创造和莉莉斯之间美好的明天。

撒旦遇到莉莉斯是彼此的劫数,莉莉斯的过去就像一面镜子,让人们看到撒旦也会有爱情,只是他的表达方式也同样极端。这份爱让撒旦抓狂,就像挠痒痒挠不到痒处,于是撒旦就疯了。疯了的撒旦才是真正的魔鬼,在这份爱情中,撒旦彻底沦为魔鬼。

 谁杀死了知更鸟

1595年3月13日,一只为爱蛰伏了千年的蓝色知更鸟突然苏醒过来,

■1580年3月17日,莉莉斯受到上帝的警告,长出了蛇尾巴。
□1580年1月15日,俄罗斯割让利沃尼亚与爱沙尼亚给波兰。

居然大白天唱起了小夜曲。只是，等到知更鸟报春的时候，意味着这一个春天就快要结束了。

这天晚上，莉莉斯出了红海，去寻找猎物，身后亦步亦趋地跟着一个少女。

少女名叫莉莉姆，是莉莉斯和撒旦生的女儿，这一年刚满16周岁。莉莉斯无论和谁交配，生下来的全部都是女儿，但是她最爱莉莉姆这一个女儿。莉莉姆简直就是莉莉斯年轻时代的翻版，一样的艳绝人寰，一样的骄横跋扈，任性妄为。莉莉斯在莉莉姆的身上寻找自己曾经拥有过的生命的痕迹，陪她一起重温过去的时光，把命运欠缺自己的全部加倍补偿给了莉莉姆，并且把莉莉姆培养成自己的帮手。不是爱情结晶的莉莉姆，是爱的绝缘体，同时也残忍地摧残着世界上一切爱的迹象。

莉莉斯和莉莉姆飞沙走石，经过一天一夜，来到塔塔阿拉国。塔塔阿拉国是永昼之国，只有白天，没有黑夜，一大片一大片浓淡相宜的绿色云朵，汇聚成一个宁静祥和的天空。

蓝知更鸟发情了，歪着头在塔塔阿拉国王宫的花园里跳来蹦去，尽情地施展魅力。莉莉姆侧着耳朵听了一会儿，撅起嘴巴模仿知更鸟的叫声。蓝知更鸟的内心填满了骄傲，一边应和，一边大摇大摆地从矮灌木丛中走出来。

蓝知更鸟，又名"上帝之鸟"，具有神奇的功力，拥有它的人将永远和幸福相伴。

莉莉姆死死地盯住鸟看，忽然咧开嘴笑骂了一声："傻鸟！"

这时，一股奶香味飘过来，在轻薄的空气中缓缓弥漫开来。莉莉斯贪恋地吸着鼻子，闪身进了婴儿房。塔塔阿拉国快要过三周岁生日的小王子躺在摇篮里，瞪着无辜的大眼睛，静静地望着莉莉斯，一下一下踢着腿笑。

"你比知更鸟更傻！"莉莉斯狞笑着，朝小王子伸出一双魔爪。

"住手！"随着一声断喝，三位天使从天而降，她们奉上帝的旨意前来制止莉莉斯的恶行。其中一个叫斯纳薇（Snwy）的天使把写有自己名字的

■1592年，塔塔阿拉国小王子诞生。
□1592年11月28日，清太宗皇太极出生。

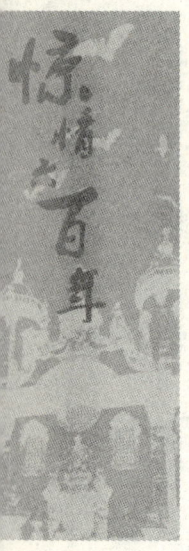

护身符挂到小王子的脖子上,庇护他一生平安。

莉莉斯吹起尖锐刺耳的口哨,召唤莉莉姆过去,一起对付天使。魔头母女俩对着天使大打出手。天空中霎时云涛翻滚,正气和邪气互相缠斗,昊光四射。三位天使紧紧贴在一起,叠成三头六臂,同时挥动劈邪剑,辟邪剑发出逼人的寒光,还未近身,莉莉斯就已经跟跟跄跄地往后倒退。天使们攻势凌厉,一招一式直击莉莉斯的要害,却又处处留下余地,她们要活捉莉莉斯,交给上帝法办。莉莉姆年轻气盛,改从背后偷袭天使,竭尽全力要护住母亲。杀人不眨眼的恶魔也要亲情,仅仅只要自己一方的亲情,从来不会顾及他人的死活,自私到了极点。

和谐的绿色天空下正在上演一出不和谐的剧情。

天使们以迅雷不及掩耳之势避重就轻,一招紧接着递出一招,剑光点点,恍若泼水一样,令人眼花缭乱,应接不暇。莉莉斯由于平时纵欲过度,精力被掏空,很快就体力虚脱,招架不住。眼见永诀的时刻就要到来,莉莉姆初生牛犊不怕虎,轻易不肯退出,决意抵死顽抗到底。可是由于临战经验极度缺乏,一个闪避不及,就要落入天使的手中。莉莉斯奋不顾身,转回身来,甩起蛇尾巴要缠住天使那只伸向莉莉姆的手。六只手六把辟邪剑同时挥过去,顿时血光冲天,莉莉斯的蛇尾巴断成两半。

莉莉斯痛得倒在地上打滚,该隐急忙伸手扶起她,把她托出了窗外。莉莉斯看不到该隐,只觉得浑身轻飘飘就脱离了险境,离去前,莉莉斯和莉莉姆相约红海碰头。只有回到红海里,莉莉斯才会感到安全。

莉莉斯拖着剩下的半截蛇尾巴,连滚带爬回到撒哈拉沙漠。半路上,莉莉斯几次撑不下去,幸亏该隐时不时伸手扶上一把。经过一整夜的打斗,又在路上耽搁了一天,莉莉斯回到撒哈拉沙漠的时候,已经是3月16日的晚上了。死里逃生的莉莉斯站在沙漠里,神思恍惚,眼前成了一片幻象,仿佛能看见时间随同头顶的浮云一起匆匆流过,虽然身在其中却又置身事外。

就在莉莉斯一点点挨近红海的时候,三位天使又出现了。莉莉斯把心

■1594年年底,该隐到达塔塔阿拉国。
□1594年2月27日,亨利四世被加冕为法国国王。

一横，就地一个打滚，跳进红海里，企图自杀了断。可是，莉莉斯并没有死去。由于她是上帝用灰尘塑造的，就像一层灰尘那样毫无生气地浮在海面上。

　　莉莉斯漂浮在海面上，随波逐流，满心期待莉莉姆回来喊自己一声"妈妈"，可是，整整一个月过去了，都不见莉莉姆回来。莉莉姆到哪里去了？莉莉斯的灵魂出窍，像一只飞鸟漫无目的地翱翔，想念莉莉姆的同时，脑海里不断地闪现出一个画面，她看见塔塔阿拉国王宫花园的草地上躺着那只蓝知更鸟，脖子上一个血洞"汩汩"地往外冒着血，已经死了。

　　该隐远远地望着，不经意间轻轻咳嗽一声，吐出一口鲜血。明明是三九酷暑，天上却下起了雪，雪花纷纷扬扬，铺天盖地。莉莉斯的心被冻成了一块红色的石头。

"幸福的使者"蓝知更鸟　　　　3－2

人物小传
别无选择的莉莉姆

　　莉莉姆从生命孕育之初，就被打上了莉莉斯的烙印，而且连名字都跟莉莉斯这么接近。作为莉莉斯的女儿，莉莉姆别无选择，只有唯命是从，顺从母亲的一切安排，做母亲永远的跟班，只要母亲开心，她就乐意。唉，谁

■1595年3月13日，莉莉斯和莉莉姆在塔塔阿拉国和天使战斗。
□1595年11月12日，英国著名海盗霍金斯结束了罪恶的一生。

让她是莉莉斯的女儿呢？活在莉莉斯阴影下的莉莉姆，她内心深处的痛苦挣扎，有谁会看得到？又有谁会听到夜深人静时分，莉莉姆躲在被窝里偷偷地啜泣。

作为撒旦和莉莉斯的私生女，莉莉姆的生命底色注定是灰暗的，生命的轨迹注定是扭曲的。父亲是魔鬼，母亲是妖女，莉莉姆能怎么样呢？父母是没得选择的，莉莉姆唯有顺从命运的安排，不敢有半点自我。在这样畸形的家庭中长大的莉莉姆，注定了要对生活绝望，对爱失望。只是莉莉姆非常善于掩饰自己内心的真正感受，从来不把喜怒哀乐写在脸上，因此就连亲生父母都无法了解她的真实的思想。莉莉姆很孝顺，她不想父母为自己担心，加倍对父母曲意承欢。幸福的家庭对于幸福的诠释都是千篇一律的，不幸的家庭则各有各的不幸，莉莉姆是撒旦和莉莉斯纵情的牺牲品，是他们藐视生命的最有力的证据。

都说穷人的孩子早当家，小小年纪的莉莉姆心里早已经是千疮百孔。厚厚的茧子覆盖在莉莉姆的伤口上，她的心终于不再脆弱。这就是莉莉姆的宿命，剥离了一切美好的想象。

 ## 疯狂的旋律

莉莉斯苦苦地守候在红海上，等莉莉姆回来。可是，等了整整一年，莉莉姆还是没有回来。

夏天到了，龙卷风开始频繁地光顾撒哈拉沙漠。1596年6月13日这天，龙卷风裹挟着黄沙直冲云霄，仿佛一条巨大的黑龙，在天空中疯狂地扭摆着。莉莉斯远远地站在红海上眺望，无动于衷。忽然，龙头窜出一团红火，莉莉姆站在龙头，脸色惨白，目光空洞，似笑非笑地望着莉莉斯。

莉莉斯抑制不住心头突如其来的狂喜，朝着龙卷风飞奔而去。鼓点越

■1596年6月13日，莉莉斯率领所有的女儿和天使在红海边作战。
□1596年，李时珍的《本草纲目》在南京全部出版，史称金陵版。

来越激烈,像重拳一样落在莉莉斯的心上,狠狠地砸碎了残酷的现实。原来是海市蜃楼!

莉莉斯勃然大怒,迁怒于那天在塔塔阿拉国和自己恶战的三位天使,认为是她们杀害了莉莉姆。

随即,莉莉斯用黏土制成三个人偶,掺杂进刚杀死的婴儿的血液和碎骨,又把三位天使的名字 Snwy、Snsnwy 和 Smnglf 分别刻在人偶的身上,然后,嘴里念念有词,吐出全世界最恶毒的咒语,手起刀落,切掉了人偶的头部。

当天晚上,三更天的时候,莉莉斯施展法术,引诱三位天使下凡,并且发动自己所有的女儿们迎战,企图报仇雪恨。

三位天使站在云朵上,缓缓下降,还没等她们落地,莉莉斯就身影前移,率先迎了上去。莉莉斯的女儿们一个个都不是省油的灯,挥舞着兵器不甘示弱地冲了上去,和天使们混战到了一起。一时间,直杀得天昏地暗,日月无光。

纷乱的场面惊动了红海深处的冤魂,那些被莉莉斯杀死的婴儿的鬼魂们也前来助战,帮助天使一起攻打莉莉斯和她的女儿军团。红海呜咽,浪涛冲天,化成殷红的雪花纷纷坠下来,天地间刹那千疮百孔。

莉莉斯的女儿们,每一个都是她的底牌,是她各个不同方面的折射,但是,万变不离其宗,她们都同样的凶狠残忍。然而,邪恶又怎么可能战胜正义呢?战争一连打了三天三夜,到了 6 月 16 日,莉莉斯的女儿们全都战死了,红海里横七竖八堆满了尸体。天使奉上帝的旨意要和莉莉斯立约,只要莉莉斯停止杀死亚当的孩子,天使就不再杀死莉莉斯的孩子。后世演变为男孩出生后第 8 天实行割礼,女孩为 20 天。莉莉斯听了,嗤之以鼻。

莉莉斯深知自己绝不是天使的对手,再继续斗下去只有死路一条,当下死死地守住要害部位,向着撒哈拉深处的腹地逃去。天使们哪肯轻易放过她,追上去将她团团包围了起来。

眼见败局已定,莉莉斯纵声浪笑,不顾三位天使的厉声呵斥,一边笑

■1597 年,该隐对莉莉斯下追杀令。
□1597 年,日本出动 14 万兵力,水陆并进入侵朝鲜。

莉莉斯和莉莉姆母女情深　　　3-3

一边脱衣服，不一会儿就脱了个精光。

虽然这个时候天已经全黑了，可是，天使们还是羞红了脸，忙不迭纵身跃上云层，跑远了。眼见计谋得逞，莉莉斯拔脚就要朝另一个方向逃跑。说时迟那时快，半空中突然罩下来一张蓝色的斗篷，急速地铺张开来，像一大朵蓝色的罂粟花怒放在夜幕下。四周陷入了一片深深的迷幻中……

一张惨白到极点的脸，和莉莉斯面对面地对视着，嘴角滴下来的不是口水，而是鲜血。

杀人不眨眼的莉莉斯，却被这一滴鲜血深深地刺痛了，记忆深处的通道霍地灯火通明。眼前的这张脸和脑海里的另一张脸重叠，分开，又重叠到一起。

"该隐！你这个千刀万剐的！我要灭了你！"莉莉斯咬牙切齿地对天发下毒誓。

 ## 蛇尾巴的纠缠

当该隐被逐出天堂后，一直不停地向前走。

1350年，该隐饥渴交加，晕倒在地上。

该隐苏醒后，发现自己躺在一片绿洲中，身上趴着一个美女。芦苇摇

曳,万鸟齐翔,为他们的结合伴奏助兴。

莉莉斯为了报复亚当,故意勾引该隐,发生了不伦乱情。

"你现在是一个真正的男人了,不过,你还要学会怎么做人上人!"莉莉斯斜刁着眼角,毫不吝啬地对着该隐展示她的媚态。

说罢,莉莉斯低下头咬住自己的手腕,鲜血滋满洁白的牙缝。末了,莉莉斯把渗着鲜血的手腕伸到该隐的嘴边,要他吮吸自己的鲜血。

月光下,莉莉斯这张接近天使的脸蛋上,笑得那么无邪。由于是莉莉斯教会该隐如何利用鲜血产生的力量供己使用,因此,在吸血鬼的个别历史记录里,莉莉斯才是真正的第一位吸血鬼。

在莉莉斯的引诱下,该隐对人类的鲜血充满了渴望。痛苦一天天占据该隐的全身,眼看着他因剧烈的颤抖而蜷缩成一团时,莉莉斯毅然决然抽身离去。多少次午夜梦回时分,彻底堕落成吸血鬼的该隐,想起莉莉斯留给他的那个决绝的背影,禁不住潸然泪下。

即使后来犯下滔天罪行,成了十恶不赦的坏人,莉莉斯的内心对该隐始终抹不开一丝歉疚。当披着蓝色斗篷的吸血鬼出现的那一刹,莉莉斯觉得该对这笔账做个了结了。莉莉斯以为该隐后悔受了自己的引诱,特地派属下来报复她。

不错,披着蓝色斗篷的吸血鬼的确是抱着报复的目的前来的,他是蓝知更鸟的化身。

1370年5月24日,该隐离开第一城市后,踏上了寻找蓝知更鸟的漫漫长路。他想要找到破解自己一生不幸的密码。一路上,该隐不断撞见莉莉斯在生命的轨迹上不按常理出牌,横冲直撞,念在"一夜夫妻百日恩"的情份上,一再对莉莉斯出手援救。不管莉莉斯对该隐做了什么,该隐对莉莉斯却是动了情,失了心,入了梦,不得不承认,他对她,没法无动于衷,那一片绿得令人心颤的绿洲早已烙在该隐的生命里。

山那边有海,海那边有爱,该隐遵循这条爱的路线,一往无前地找过去,却连蓝知更鸟的一根羽毛都没见着。在翻越了千山万水,历尽千辛万苦之后,

该隐打探到绿色的天空下有一只蓝知更鸟。可是,当他1594年年底到达塔塔阿拉国,一直在王宫外面徘徊,并终于鼓起勇气要接近蓝知更鸟时,不料莉莉姆就出现了,一口就把蓝知更鸟塞进嘴里,吃掉了。自己曾经离幸福这么近,可幸福轻易就被莉莉姆葬送了,该隐不由得怒从胆边生。

当莉莉斯离开后,该隐从天使的眼皮底下带走了莉莉姆。他并不是救助莉莉姆脱离险境,转而用尖利的指甲划破莉莉姆的肚子,取出蓝知更鸟的尸体,接着把自己身上的血液和精气补充给它。在救活蓝知更鸟的过程中,该隐无意中初拥了它。

蓝知更鸟复活后,第一个念头就是要找莉莉姆复仇,可他却把莉莉斯当成了莉莉姆,冲莉莉斯就过来了。

莉莉斯两颗乌溜溜的黑眼珠一转,重重地阖上心扉,对着蓝知更鸟莞尔一笑,吐气如兰:"你来了呀?"

说罢,莉莉斯扭着水蛇腰,一步三摇地走向蓝知更鸟,道不尽的媚态横生。

蓝知更鸟哪里见过这样的架势,再加上本身就处在发情期,当即骨头麻酥酥的,醉倒在莉莉斯无限的风情里。

"亲爱的,看你风尘仆仆的,在路上辛苦了!"莉莉斯吐着舌头,轻柔地舔着蓝知更鸟的耳垂,手下片刻不停地揉搓着他的身体,极大地激发了隐藏在蓝知更鸟身体深处的欲望。两个搂抱着,滚进了茂密的芦苇荡深处。

蓝知更鸟舒服地闭起了眼睛,尽情享受莉莉斯带给自己欲仙欲死的美妙感觉,落下了幸福的眼泪。1596年6月16日这个日子,从此被蓝知更鸟当成了生命里的里程碑。那一刻,蓝知更鸟仿佛看见自己又从吸血鬼变回了一只鸟,回到绿色的天空下,自由自在地翱翔。

"我的前生是一只鸟,不容易停留,一直在飞,陪伴我的只有孤独的风……"蓝知更鸟喃喃自语道。

莉莉斯卷起残缺的蛇尾巴,使劲往蓝知更鸟的身上缠,一圈又一圈,直缠得他差点窒息过去。

莉莉斯一边卖力尽情服侍蓝知更鸟，一边悄悄地施展法术，控制住了蓝知更鸟的大脑，任由她摆布。

蓝知更鸟不知情，甚至对莉莉斯感激涕零："谢谢你引导我领略生命全新的意义，哪怕你下一秒钟就叫我去死，我也心甘情愿！"蓝知更鸟伏在莉莉斯丰满的胸脯上，犹如依恋生母一样，脑袋来回地蹭着。就这样，蓝知更鸟和莉莉斯躲在芦苇荡里，一连缠绵了三天三夜。

"哈，宝贝！你真可爱！"莉莉斯想不到蓝知更鸟这么容易降服，顿时得意得不知所以。

从那以后，莉莉斯专门找吸血鬼下手，一发而不可收拾。在莉莉斯的心里，有一个恶毒的想法，她发誓要玩遍所有的异性吸血鬼，生下他们的后代，从而打入血族内部，瓦解整个血族社会。"亲爱的女儿，你在上面冷吗？"莉莉斯说着，仰起头望着夜空。传说红海上空的每一颗星星，都是一个可爱的孩子的化身。莉莉斯坚信她的莉莉姆已经变成了天上的一颗星星。

"我是夜魔女莉莉斯，请跟我来！"莉莉斯花枝招展地向吸血鬼们展示自己的魔力，尽情地卖弄风骚。但是，莉莉斯又哪里想得到，她自己也不过是一只提线玩偶罢了，在她用幻觉对异性进行精神控制的同时，也被上帝控制。

在一场场的感情游戏中，莉莉斯伤害的不止是别人，还有她自己。红海红得就像一团燃烧的火，却始终无法温暖莉莉斯的心。不知道莉莉斯晚上睡觉的时候，是否会为爱情，躲在梦里偷偷地啜泣？

失去了心爱的莉莉姆，不知道莉莉斯的晚年将会遇到谁来呵护她？

莉莉斯按捺住性子，低下骄傲的头颅，委身吸血鬼们，纵情狂欢，暗中却一直没有停止打探该隐的下落，她恨不得亲手结束该隐的性命，为莉莉姆报仇。

莉莉斯找不到该隐，该隐却一直躲在暗处，把她的一举一动纳入眼底。直到有一天，莉莉斯破解了蓝知更鸟身上的幸福密码，把他杀死后，不偏不倚扔到该隐的脚边。

该隐望着静静地躺在地上的蓝知更鸟的尸体，对莉莉斯泯灭了最后一

丝爱意，终于在1597年新年伊始，痛下追杀令，号召血族对莉莉斯展开追杀，时限无限期。

"求求你，饶了我的母亲吧！"莉莉姆哭着跪倒在该隐的面前。莉莉姆长得实在太像莉莉斯了，该隐怎么舍得就这样让她死去呢？救活蓝知更鸟的同时，该隐也同样用自己身上的血液救活莉莉姆，让她做了莉莉斯的替身，永远陪伴在自己的左右。

即使该隐再怎么宠爱莉莉姆，但是，追杀令已经下达，并且以十万火急的速度传遍了欧洲每一个角落，想要收回已经太晚了。

人物小传
幸福的使者却不幸福——蓝知更鸟

蓝知更鸟是幸福的象征，谁拥有它，就会拥有幸福。由此，蓝知更鸟为自己引来了杀身之祸。就像吃了唐僧肉可以长生不老，因此妖怪们纷纷慕名前来捕杀唐僧。

蓝知更鸟的命运是由它自己的幸福作为交换的，其中有浓浓的一抹悲壮的色彩。拥有蓝知更鸟才会幸福，那么它就会在人们的追杀过程中死去。而且蓝知更鸟必须要以自己的生命作为代价，才能使杀害他的凶手明白幸福的真正涵义，而明白不是顿悟，需要一个对生活长期的体验过程。

蓝知更鸟为此深深痛苦，幸福的使者却不幸福。

其实，幸福是什么，不是一个具体的概念，幸福可以是用一张手纸折成一枝玫瑰花，幸福也可以是夏天的夜晚看茉莉花在眼前一点点地绽放，然后静静地嗅着花香。

我们在寻找蓝知更鸟的过程中，可以感受实在的点滴，从中体验到幸福，这个过程本身就是幸福的。明知道找到蓝知更鸟才会拥有幸福，如果你找到以后再放了它，看着它自由自在地在天空下翱翔，开心一笑，那不是更幸福？人们为了寻找蓝知更鸟跋山涉水，证明人们为了追求幸福不辞辛劳，从中反映出人们是这么地渴望幸福，是这么努力地幸福着。

为了真正拥有幸福，我们要爱蓝知更鸟，爱天下所有的生灵，而不要为了一己私利，抹灭它们的存在，用痛苦奠基，将会就此埋下不幸的隐患。

莉莉斯勾引该隐　　　　　　　　3-4

历史事件特写：莉莉斯的报复

上帝把莉莉斯赶出伊甸园之后，又派遣天使去把她带回来。天使在红海中央找到了莉莉斯，但是她不愿回来。莉莉斯因为无视神权的态度，又一次被神处罚。

莉莉斯不惧怕天使的力量，她和野兽、魔鬼们交配，在红海以每日100个的速度产下恶魔之子。同时她也不断杀死亚当的后代婴儿。痛苦的亚当向神祷告，上帝于是派遣三位天使 Snwy、Snsnwy、Smnglf 前往红海

该隐为失去蓝知更鸟伤心欲绝　　　　3-5

（红海也译为地球），以每天100个的速度屠杀莉莉斯的后代。莉莉斯即使再作恶多端，但是她却是一个母亲，为了不使自己的孩子们再继续受到伤害，莉莉斯与天使立约：天使不再伤害莉莉斯的后代，而莉莉斯在亚当的后代与上帝立约之前，也不再杀死婴儿。具体来说，等男孩出生后第8天行过割礼（Circumcision），莉莉斯便不得再加侵犯。女孩则为20天。因此后世医学家认为莉莉斯或为古代人对新生儿猝死综合征（SIDS：Sudden Infant Death Syndrome）的拟人化。在三名天使的威逼下，莉莉斯受不了这种折磨而跳红海而死。

莉莉斯是神创造的，因此她没那么容易死去，她像灵魂般毫无生气地在水里漂浮。

没有死去的莉莉斯展开了变本加厉的报复行动。莉莉斯信奉以牙还牙的处世原则，由于记恨上帝杀死她的孩子，就常在夜晚杀害人间的小孩，后来还带着与撒旦生下的女儿莉莉姆一同杀害小孩。

血的代价终要以血来偿还。

酷睿点评

莉莉斯的一生,是战斗的一生。生命不止,战斗不息。而且莉莉斯是唯一一个敢跟上帝叫板的历史形象,从来都不会乖乖顺从,从来都不肯乖乖就范,她只做自己要做的事,她只做她自己。

从在伊甸园里不服从上帝命定的丈夫亚当,到当面顶撞前来劝架的上帝,莉莉斯一出场就展露出与众不同的个性,表达了要做自己的强烈愿望。上帝对叛逆的莉莉斯无可奈何,只能用强制手段把她赶出伊甸园了事。被赶出伊甸园的莉莉斯自尊心受到了严重的伤害。越叛逆越倔强,越倔强,自尊心越强烈,莉莉斯为了维护自己的尊严,举起了和上帝反抗到底的大旗,用一生一世的时间来和上帝作对,用尽各种手段彻底扰乱人间。

一切的行动表明,莉莉斯别无他求,只想做独立的自己。

作为吸血鬼的始祖之一,莉莉斯从一开始就为后代子孙的行动举止打下了桀骜不驯的底色,独立于世,只做自己。

四 终极魔鬼

梵卓族在第二次圣战中胜出，开始了由一个战场步入下一个战场，从一个王座迈向下一个王座的战斗生涯。卓尔不凡的梵卓族是血族里的王族，主宰着王宫与天下苍生。

梵卓族的国王是王中王，他的宝剑所指的方向，就是你命运的轨迹。

 黑夜王国的阶梯

　　冰清玉洁的泰德峰，海拔高达5000公尺，山顶终年积着厚厚的白雪，在月光的呵护下，笼罩上了一层神秘的面纱。每当夜幕降临，泰德峰上就会传出如泣如诉的乐曲，犹如一片片凋零的秋叶，点缀得夜空更加孤寂。

　　1560年12月7日深夜，一条黑影顺着哀伤的旋律摸到泰德峰上，从最高处往下爬。一道找不到源头的阶梯，弯弯曲曲通向深不可测的万丈深渊。这是一座倒阶梯塔状的建筑物，往里进去，要经过十层防御设施，一派肃杀之象。

　　地底下是一座白色宫殿，黑影踌躇了一会儿，终于鼓起勇气打开门。门后面飞出一群蝙蝠，把黑影团团包围了起来。黑影急忙伸手驱赶，可是，手刚一碰触到，蝙蝠就纷纷掉到地上，死了。

　　王位上一个完美的侧影，正在专注地拉有"万琴之王"美誉的小提琴，只见他极其享受地微闭着眼睛，把所有的感情都倾注在了那一双灵巧而又如枯枝一般的手指头上，对外面的动静充耳不闻。

　　"我的王！"黑影冲着王位的方向，拖着哀腔哭开了，一边哭一边走过去。

　　王位上坐着的是唯我独尊的梵卓族（Ventrue）国王夏尔。梵卓族是血族中的贵族，是密党同盟的缔造者和支持者，力量在十三个氏族中是最强的，以安定血族社会为己任。夏尔在血族中拥有无上的权力，那么骄傲，却孑然一身黯然演绎着暗夜的独唱。

　　夏尔听着声音这么熟悉，浑身轻微一颤，缓缓睁开眼睛。

　　果然不出所料，来者是夜魔女莉莉斯！

■1540年，梵卓族国王夏尔出生。
□1540年1月28日，荷兰数学家鲁道夫·范·科伊伦出生。他将圆周率计算到小数点后第35位，被称为"鲁道夫数"。

莉莉斯为了逃避血族的追杀，本着最危险的地方最安全的侥幸心理，冒死来到泰德峰，寻求夏尔的庇护。

吓得花容失色的莉莉斯，和平日不可一世的模样判若两人，别有一番楚楚可怜的小女人意态。梵卓族以盛产美女出名，身处花丛中的夏尔，却对莉莉斯浑身散发出的成熟女性的韵味迷恋不已，当即放下小提琴，对着莉莉斯敞开怀抱。

"宝贝，我这里就是你停泊的码头，放心，我会给你一个永恒的春天！"夏尔温柔地吻遍莉莉斯全身每一寸肌肤，为她洗尘。

夏尔的寝宫内春情荡漾，风光旖旎。而最里面的练武场上，刀刀见血，声声震撼，一场无声的厮杀正在上演。梵卓族的族员们从外面觅食回来后，没有马上就寝，汇聚到练武场上，展开每天雷打不动的训练，培养格斗能力，以防不测。

逃亡中的莉莉斯　　4-1

吸血鬼西蒙正在静心打坐，眼前突然出现一个黑影，握着宝剑朝他冲过来。西蒙马上在自己的前面堆起一座小山，无奈对手臂力了得，一剑下去，小山被一劈为二，顷刻崩塌。这一剑包含着天地万象的变化，威力无边，西蒙一个坐不住，头往后一仰，软绵绵地倒了下去。

虽然他们在用意念打架，但是，一旦中招，却是切切实实地受伤。夏尔为了保证族群中最优秀的基因，特地制定了如此残酷的优胜劣汰制度。受伤严重的，都会被拖出王国，扔到泰德峰的顶巅喂鹰。一切都在风平浪静中进行，大家早已习以为常。

第二天一大早，夏尔趁大家都在里面休息的工夫，召开会议，讨论保护莉莉斯的方案。

■1558年7月2日，夏尔最心爱的女人变成了彼岸花。
□1558年11月17日，英国伊丽莎白一世登基。

夏尔　　　　　　4-2

门开了,一群美女鱼贯而入。无论何时何地,夏尔的身边都莺环燕绕。在梵卓族的管理层中,夏尔安排一半的位置给女性,从中可以看出,他的统治手段刚柔并济。

等与会人员都入座后,夏尔命令侍从把他的宝剑拔出来,搁在会议圆桌的正中央。"咔嚓",夏尔亲手掰断了宝剑的鞘,沉声说:"既然宝剑已经拔出来了,我就不指望再放回去。"

夏尔脸上的表情一贯平静,没有一丝表情。夏尔之所以召开会议,其实是要把莉莉斯来到梵卓族的消息公布于众,暗中警告属下做好防范工作,一旦走漏风声,就拿他们是问。发言而不表态。一个冰冷的眼神扫过来,有着慑人的威力。

会议上一派谈笑风生,所有与会者都戴着面具,正襟危坐,表情严肃,嘴里东拉西扯说着无关痛痒的玩笑话,却滴水不透,互相之间针锋相对。其间夹杂着些许干咳声。一直开到天黑,会议毫无进展,陷入了胶着的状态。

阿尔克带了一篮四叶草过来,自顾自坐在位置上,低着头数四叶草玩儿。"一叶代表亲情,一叶代表友情,一叶代表爱情,最后一叶代表什么?"阿尔克撕扯着叶片,忽然不合时宜地笑了起来。

阿尔克1559年年底刚加入梵卓族,平时和其他成员交流不多。

莉莉斯躲在暗室里,透过墙壁缝隙的灯光,看到阿尔克手里摆弄的四叶草,恨得牙痒痒。四叶草是夏娃从天堂里带到人间的礼物。莉莉斯一向视夏娃为头号情敌,只要和夏娃沾边的东西,她都不喜欢。

莉莉斯嘴里念念有词,施展法术,使自己变成一只美丽的蝴蝶,飞到花园里,采用地毯式的排查法,到处搜索四叶草,发现一枚就灭掉,直到把里面所有的四叶草都拔除干净,她才感到舒服了点。

■1559年年底,血族总族长派间谍阿尔克加入梵卓族刺探情报。
□1559年1月15日,伊丽莎白一世加冕为女王。

"你也配染指爱情？你这个抢别人老公的坏女人！"莉莉斯把四叶草假想成夏娃，拿它出气，一边拔，一边骂。

莉莉斯不知道，夏娃赋予四叶草幸福的花语，只要发现四叶草的人，将会有意想不到的幸运；反之，毁掉四叶草的人，将会和幸运擦肩而过。等待莉莉斯的将会是什么样的命运？

梵卓族的会议室里，灯火幽明，会议依旧在进行。

"你们就像一群挤满池塘的鳄鱼！"夏尔扔下这一句话，又重新拉起小提琴，紧紧地闭上眼睛，心里却暗暗地运用读心术，迅速捕捉在座每一个吸血鬼的心理活动，哪怕一丝细微的波动，都逃不脱他雷达一样敏锐的触觉。

舒缓悠扬的音乐里陡然出现千军万马，危机感越来越迫近，叫听者胆战心惊之际，又猛地一个转音，将紧张转为满怀豪气，似乎在经过一番运筹帷幄之后，及时化解了危险。在阵阵推波助澜之下，悬念被推向最高。

人物小传
最不起眼的小人物——阿尔克

该隐的追杀令传遍血族社会的每个角落，莉莉斯四处逃亡。最后，疲于奔命的莉莉斯本着"最危险的地方也许最安全"的信念，在无路可走的处境下，投靠了梵卓族。梵卓族国王夏尔接纳了莉莉斯，并且召开族内高层会议，宣告保护莉莉斯。这么紧张的氛围下，阿尔克却带了一篮子的四叶草参加会议，坐在那里慢条斯理地撕扯着叶片，而且还一边数，一边笑。

参加会议的都是梵卓族内的高层管理者，而阿尔克的举止却比未成年的小孩还幼稚可笑，和整个会议的紧张氛围格格不入，明摆着就是一个不和谐的音符。阿尔克这样做到底什么意思？有着什么样深层次的寓意呢？当然，阿尔克不会亲口告诉我们，但是蛛丝马迹却不容

■1560年12月7日，莉莉斯来到梵卓族寻求保护。
□1560年1月9日，戚继光驻守台州抗倭。

忽略，一切有待细心观察。

四叶草是三叶草的变异品种。当夏娃离开伊甸园的时候，特地把三叶草带到人间来，因为三叶草是幸福的象征，一叶代表亲情，一叶代表友情，一叶代表爱情。阿尔克居然忍心下手，把四叶草的叶片一片片撕扯开来，未免太残忍了点，可见其内心没有爱。这样的人，不得不叫人侧目而视，不得不提防。

阿尔克在整个梵卓族中的地位应该不会很高，在全体参加会议的成员当中不算起眼，但是，他却用他的举止表明他别样的心肠，和其他与会人员划清界限。小小动作出卖最大的野心。

 ## 第二次圣战

喧闹了一天的地球，在夜幕下卸去一切道貌岸然的伪装。萤火虫在黑暗中飞舞，光影在流动中有气无力地奏响亡灵的挽歌。

在梵卓族王的寝宫里，夏尔又拉起了小提琴，难得从他的指尖蹦出几个欢快的音符。莉莉斯一丝不挂，疯狂地扭动水蛇腰，给夏尔伴舞。房间里弥漫着浓郁的酒气，他们都喝醉了，醉得忘乎所以。

忽然，泰德峰轻微地颤动了一下，夏尔以迅雷不及掩耳之势，腾出手，抓起桌上的一只高脚杯，猛地掷到地上，摔了个粉碎。

夏尔不动声色地继续拉着小提琴，同时运用独门排气法，迅速运行气体封住自己身上的弱门。

血族总族长派勒森魑族（Lasombra）来带走莉莉斯，顺便教训一下我行我素的夏尔。勒森魑族是梵卓族的死对头，这不可调和的矛盾终于演变

■1561年2月7日，吸血鬼间的第二次圣战拉开了序幕。
□1561年12月19日，太平军胜利攻克宁波。

为一场你死我活的战争,唯一的出路就是选择面对。

1561年2月7日,第二次圣战拉开了序幕。借助这次圣战,血族为了解决内部矛盾,进行严厉的整顿,一场大清洗就此爆发了。而莉莉斯只是这场战争的引爆点,并且在其中兴风作浪,制造最高潮。

面对突如其来的战争,梵卓族的成员们体现了良好的心理素质,他们并没有惊慌失色,第一时间穿上传统而又保守的服饰,仿佛要参加一场重要仪式似的。

时候来了!梵卓族的成员们抑制不住兴奋,一个个摩拳擦掌,跃跃欲试,说手足相残对他们来说没有意义,已经太久没有打仗了,内心深处对战争的渴盼齐刷刷集体爆

谁能看清楚面具后面的
勒森魃的脸?　　4-3

发。这一刻,每一个梵卓族的吸血鬼都当自己是一名战士,一名真正的战士!梵卓族的成员们天生就是斗士,他们永远不会安于平静的生活,战争在于他们只是一场场游戏,打得越激烈,生命才会更加精彩。

当下,梵卓族的成员们按照平时训练时的位置次序,团团围坐在一起,镇定自如地运用意念,积极应战。一刀一境界,一枪一精神,没有硝烟的战争比真正的战争还要残酷!

"梵卓族永远是最强大的!"夏尔运用读心术,把这句话传达给每一位梵卓族成员,鼓励他们拿出最大的勇气。练兵千日,用兵一时,夏尔一直静静地蛰伏在泰德峰下面的深渊里,过着世外桃源般超然物外的生活,只为了等候今天这个日子的到来,机不可失,时不再来。

门开处,飞出去的蝙蝠居然一只都没有死。进来的是一具类人骷髅,穿着破碎的黑袍,戴着兜帽,手里端着一把象征死亡的镰刀。来者是勒森魃族的族长勒森魃,紧接着,越来越多的类人骷髅蜂拥而入。勒森魃族出

■1564年,夏尔落实血族社会中全部的领土问题。
□1564年4月23日,英国剧作家、诗人莎士比亚诞生。

现的时候，完全隐形，他们是灵魂收割人，是黄泉的引路人。

泰德峰顶千年积雪刹那间分崩离析，夹杂在风云里一起翻滚，势如怒涛排空，不把整座山峰颠覆过来不肯罢休。

莉莉斯何等精明？她早已看透，夏尔只是把自己当做玩伴，心里根本没有她的位置，怎么可能为她去拼命？想到这里，莉莉斯嘴里念念有词，施展法术，把自己变成了一朵雪花，扶摇直上，离开了白色宫殿，飘下了泰德峰。

这时，莉莉斯才发现，整座泰德峰已经被血族团团包围起来了，水泄不通，插翅难飞。血族这次倾巢而出，势必要消灭莉莉斯，杜绝后患。

莉莉斯又能去到哪里呢？虽然撒旦的家就是她的家，但是要她回到撒旦身边，还不如直接和吸血鬼们拼命。万般无奈之下，莉莉斯只得又往撒哈拉沙漠方向飞奔而去。在莉莉斯的潜意识里，早已把红海当成了自己的家，只有回到家里，一颗心才踏实。

由于莉莉斯急着回家，一时忘了念咒语，连她自己也没察觉，就已经变回原形了。尽管莉莉斯跑得飞快，但是，还是引起了高度警惕的吸血鬼探察兵的注意。血族立即兵分两路，留下勒森魃族继续和梵卓族作战，其余的大部队掉头追赶莉莉斯。

战斗中的莉莉斯　　　4-4

这天晚上撒哈拉沙漠的上空特别明亮干净，月光被凝固了，冻成一大块，比石头还要僵硬。

莉莉斯一边跑，一边用读心术向着东方发出紧急召唤。

月上中天，狂风像魔鬼一样在沙漠上空吼叫着冲刺，其中时隐时现夹杂着凄厉的长啸声，从东方而来，由远及近。突然，延绵不绝的沙海边缘，出现了幽幽的蓝光，密密麻麻，排山倒海一般涌过来。狼来了！饿兽们嗥叫着，乱成了一窝蜂。在短短一年时间

■1565年10月15日，夏尔要求勒森魃陪自己回梵卓族的旧王宫。
□1565年，西班牙人将台球运动带到了美洲大陆。

里，莉莉斯以超过往常一天生产100个孽种的速度，疯狂地制造自己的后代，组成了一支庞大的队伍，对血族发动攻守反击战。在莉莉斯的观念里，任何事物从来没有既定的界限，只要她想去做，即使既定了的界限又如何？她纠结的是无法取代的过去，但却敢于去确定未来的方向。

沙石飞腾，蹄声如雷，狼群越来越近，原来是人首狼身的狼人群。狼人们龇着白森森的牙齿，拖着粗重巨大的尾巴，吐着猩红的舌头，在生母莉莉斯的口哨指挥下，发力狂奔，围歼惊慌失措的血族。健壮凶猛的领头的狼人率先咬中了一个吸血鬼的咽喉，在烟尘翻腾中将他扯倒在地上，拧断他的脖子，尖利的犬牙一划拉，叼起一块鲜红的内脏发足狂奔。狼人群开始躁动不安，一个个狼人挺着胸膛嗥叫着，跑来跑去地耀武扬威。吸血鬼们从没见过这个阵势，霎时间如炸雷一般轰然奔散开来，掉头就逃，根本不敢上前迎战。狼人们像出弦的箭一样向着目标射过去，血族顿时溃不成军，四处逃散。逃到红海边上的吸血鬼们，还不清楚怎么一回事，就被守候在海面下的鱼人给拖了下去，激起震耳欲聋的水花声。

"咔咔咔！"骨头的碎裂声，演奏成一曲大合唱，不一会儿，红海里，沙丘下，白骨成堆。

眼看身边的同类一个接一个倒下去，吸血鬼们被彻底激怒了。短暂的慌乱后，血族马上就稳住军心，调整好阵势，兵分多路，利用复杂的地势，不停地紧急转弯。狼人们不知是计，跟在吸血鬼们的后面，直转得晕头转向，纷纷摔了个四脚朝天，黄沙腾起，不一会儿就阵脚大乱。

整座撒哈拉沙漠都沸腾了，一座座沙丘纷纷崩塌，沙石倾泻而下，激起满天尘烟，到处都回荡着巨大的轰隆声。就在6月17日的阳光即将光顾大地的时候，随着最后一声长啸，浩浩荡荡的狼人群被黄沙抹去了所有的痕迹。鱼人们重新潜入红海深处，销声匿迹。

月亮越来越圆，莉莉斯消失了，无影无踪。此后，上帝惩罚莉莉斯，每到月圆之夜就自行消失。

战争已经结束，失败者离去了，成功者也离去了，留下亡魂在原地哭

■1567年起，血族社会进入了一个崭新的盛世时代。
□1567年，牛仔裤诞生，标志着服装上重大的改革。

泣。夜幕即将过去，无数夜的乐章将一一奏响……

撒哈拉战役将被记载入史册，却永远无法画上一个完整的句号。零星的局部战争，从来不曾消停。莉莉斯又成了孤家寡人，不过没关系，相信很快她又可以卷土重来。生命不息，战斗不止。

人物小传
做影子的滋味——勒森魅

勒森魅族属于魔宴同盟。勒森魅族优雅而具侵略性，认为自己是血族的极致。他们笃信权力神授与优胜劣汰的法则，对没有力量的吸血鬼没什么耐性，却感到怜悯，认为那不是对方的错。勒森魅族是高贵亲切与全然鄙视的奇妙组合。大部分的勒森魅族倾向于扮演幕后的黑手，而不愿自己走到幕前。

勒森魅族是暗与影的笃信者。勒森魅族和梵卓族和互为对方的扭曲镜像，双方是死对头。之所以会成为死对头，是因为双方互相之间不服气。

勒森魅是勒森魅族的族长。勒森魅和梵卓族的国王夏尔，就像是一面镜子的正反两面，夏尔所拥有的一切优点，他都不具备。勒森魅永远只能给夏尔做绿叶，陪衬夏尔，他的存在只是为了证明夏尔的优秀。

每一个生命都有一定的自尊心，本性都是骄傲的，更何况勒森魅身份高贵，也曾经拥有过一切。他对夏尔或多或少有着不屑的心理，毕竟夏尔不是完美无瑕的，总会有这样或那样的不足。一来二去，两个人之间的矛盾渐渐地堆积起来，罅隙越来越大，风平浪静的时候不会拿到台面上明说。当夏尔决心出手保护莉莉斯的时候，所有的矛盾开始浮出水面，勒森魅虽然只是奉命行事，

■1570年1月1日，夏尔来到波尔湄村口寻找猎物。
□1570年，丹麦为争夺波罗的海霸权同瑞典进行的长达七年之久的战争结束。

但是他下手会比其他任何一个接受命令的氏族族长更重。这就叫顺水推舟，又何尝不是杀人于无形呢？

老谋深算如勒森魃，永远不露声色，静静看水面被风吹皱。

永生的黑夜之王

1561年2月8日晚上，撒哈拉战役才刚刚落下帷幕，硝烟还没有完全散尽，血族总族长就召开会议，要依法处置夏尔。

"你自己选一种惩罚的方式。"总族长淡淡地说道。

夏尔提出，挑一个弓箭手和他比赛射箭，如果他输了，愿意接受任何惩罚。

"就让阿尔克来射我吧，只要他射中我头上的梨子，我就认输！"夏尔说罢，在自己的头上放一个梨子，然后走到一棵大树下站住。

阿尔克是血族中箭术最好的弓箭手，他取出自己专用的特色弓箭，走到距离夏尔一百步开外的距离站住。

"砰"的一声，红色夜火石打造的箭穿破夜空，飞一般笔直地射向夏尔。不过，箭的方向射偏了，没有对准夏尔头上的梨子，而是直取他的心脏。

"哈哈！"夏尔仰头大笑，他一点也不担心，他事先已经悄悄地穿上了梵卓族的千年圣物——犀牛皮防弹衣，任何锋利的武器都不能对他构成伤害。

夜火石箭撞到夏尔的胸前，断成两截，掉到地上。锋利的夜火石无坚不摧，却只能洞穿坚硬的目标，怎么抵得过柔韧而又极具反弹力的犀牛皮防弹衣呢？

■1571年3月24日，彼岸花开，勾起夏尔对初恋情人的思念。
□1571年12月17日，德国天文学家开普敦出生。

阿尔克见状,气急败坏地跳着脚破口大骂,直指夏尔玩妖术,破坏了比赛的规则。

"总族长,阿尔克就是受你的委派,进入我们梵卓族做间谍的吧?你这样做,是不是带头破坏整个族群的团结呢?"夏尔取下头上的梨子,转身走到总族长的前面,两眼笔直地逼视过去:"阿尔克要果真是梵卓族成员的话,怎么可能会对我射出夺命的一箭呢?"

总族长听了,顿时哑口无言,极度恼羞之下,惨白的脸上竟然泛起阵阵红晕,幸亏有夜幕为他遮挡,还不至于叫他在属下面前没面子。羽翼渐丰的夏尔早就成了总族长的肉中刺眼中钉,总族长不希望夏尔和自己在血族社会中分庭抗议,更惧怕会有一天自己将会被夏尔取代,所以他孤注一掷,决定先发制人拿掉夏尔,由此出现了夏尔所指出来的一系列动作。但是,正如总族长所担心的,夏尔的确不容小觑,连总族长的动作都逃不过他的法眼。

再过三天,夏尔就要满二十周岁了,年轻的他,凭着卓绝的智慧和过人的胆识,赢得了血族总部最高层的赦免,依旧做回梵卓族的国王。

夏尔在属下的簇拥下往泰德峰的方向走去,继续回白色宫殿过赛神仙的逍遥快活的日子。"1、2、3⋯"夏尔一边走,一边低头数着步子。数到第十下的时候,夏尔猛地90度直转弯,转身朝总族长冲过去。等夏尔到达总族长身边的时候,总族长的脑袋已经在他的手上端着了。

铤而走险所要承担的风险实在太大了,总族长无风起浪,最终断送了自己的前程和性命。变化来得太快太突然,围观的吸血鬼们的脑子一时转不过弯来,脸上纷纷露出错愕的表情,甚至还有点茫茫然。

夏尔往总族长的脑袋里盛满美酒,提拎起来,一口气灌进脖子里,当众宣布:"从此刻起,我就是整个血族社会的总族长!"

说罢,夏尔把总族长的脑袋猛地往后一甩,扔到阿尔克的身上。阿尔克猝不及防,出于惯性地伸出手去接了个正着。

"哈哈哈!"夏尔仰头大笑,朝阿尔克竖起大拇指,朗声称赞道:"反应快,动作敏捷,出手又稳又准,以后你就是我的近侍了!"

1561年3月14日,夏尔正式上台。都说"新官上任三把火",夏尔上台后,采取强硬的高压手段,雷厉风行地推行一系列改革措施,一步步牢牢地控制住整个血族社会。

夏尔首先明确领土问题,分而治之,却又环环紧扣,使用"氏族管理氏族"的手段来进行征服和统治,要求各个氏族之间互相监督,互相帮助,共同进步。从1561年开始推行,到1564年全部落实,夏尔整整花了三年的时间去解决领土问题,安顿好大后方。

而且,为了紧密各个氏族之间的联系,也为了能够及时掌握每一个角落里发生的状况,夏尔趁落实领土问题的同时,以"保护"的名义,把自己的梵卓族亲信安插到每一个氏族里,做各个族长的助理。

在安定为主的大前提下,夏尔不时施展狡猾的交际手腕,利用各个氏族之间的矛盾,恰到火候地进行挑拨离间,然后趁火打劫,坐收渔利。

1565年,一切逐步走上正轨,夏尔也轻松了许多。10月15日晚上,夏尔突然想回梵卓族的旧王宫看看,叫上勒森魃陪自己一起去泰德峰。

勒森魃早就见识过夏尔的手段,哪里敢和他走这一趟?

"唉,我是个念旧的人,离开泰德峰这么长的时间,说完全不想念是不可能的。我叫勒森魃陪我一起回去,本来打算和他冰释前嫌的,谁知他到底放不下……"夏尔对密党同盟的其他氏族族长们这样诉苦道。

由于勒森魃族属于魔宴同盟,野心膨胀,一心一意想要统驭人类,与密党同盟推行的"避世原则"背道而驰,再加上勒森魃族的成员们刚愎自负,从来不把血族中的其他成员放在眼里,导致其他成员对他们心存不满,颇有异议。夏尔就趁机唆使密党同盟所有的氏族和勒森魃族过不去,轮番找他们的茬,并挑拨魔宴同盟其他的氏族成员和勒森魃族的关系。夏尔不露声色地挖了一个大坑,专门等着勒森魃族往里面跳。夏尔自己当面却装好人,总是在混乱的时刻出面调停,收拾残局,令勒森魃族对他感恩戴德。

当矛盾越积越深,到了无法调停的时候,夏尔审时度势,果断地把勒

森魃族从魔宴同盟中清理出去，又把魔宴同盟的其他氏族调离血族总部，派往遥远的北欧生活，把身边的危险降到最低，从而进一步巩固了权力，树立威望。

夏尔用铁腕进行统治，却又不失灵活的手段，把一张一弛文武之道拿捏得恰到好处。在夏尔的统治下，血族社会空前稳定，内部团结友爱，从 1567 年起，进入了一个崭新的盛世时代。夏尔成就了血族历史上的一大传奇，受到整个血族社会的大力追捧。

身居高位的夏尔并没有因此骄傲自满，相反的，他比以往更加谦和，一日三省，居安思危。

1570 年 12 月 24 日，新年的脚步越来越近，这天晚上，夏尔亲自出去寻找猎物，借此机会出去散心。

夏尔来到波尔湄村口，远远地闻到一股刺鼻的血腥味。原来，村民们为了驱赶吸血鬼，家家户户的门上都涂满了黄鳝的血。夏尔转身走出波尔湄村，沿着鬼见愁河的河岸漫无目的地往前走。

忽然，河中央出现了一个老头子，坐在木头脚盆里，手里拿着画笔，在水面上作画。脚盆顺着水流缓缓往下游漂去，老头子就一路画过去。夏尔觉得很奇怪，就施展特异功能，想看清楚老头子到底在画什么？

夏尔运用特异功能，定睛细看，发现老头子画的居然是吸血鬼的形象。原来，老头子是波尔湄村的村民，他特地晚上在水面上画吸血鬼，一边画，一边祈求上帝保佑吸血鬼失足落水，不让他们去害人。

夏尔并没有动怒，他由此想到，穷人生活艰辛，如果吸血鬼们吸食了农家主要劳动力，就会使这户农家失去生活来源，从而害了整个家庭。想到这里，夏尔特地绕开鬼见愁河，离开了波尔湄村。

望着夏尔远去的背影，老头子微微一笑，从脚盆里站起身来，一脚踏了出去，踩在湄河上，如履平地，健步如飞一般地离去了。原来，老头子是上帝假扮的，专门来试探夏尔的心地，为他指引方向。

夏尔回到血族总部，马上召开紧急会议，锁定血族觅食的主要目标，规定从此不得吸食穷人的血，否则从严处置，并且开除族籍。

至此，夏尔声名鹊起，能力得到了各界的认可，似乎功德圆满了。但是，就像夏尔怪异的功法一样，夏尔的内心充满了无法解释的矛盾与不可思议的裂变，同样令对手琢磨不透招数。

"我其实一无所有，走到今天这一步，实在是无路可退。日复一日机械地重复着同样的生活，生命里其实只有一天。"夏尔的心声永远只能说给自己听。

1571年3月24日，夏尔冒着风雨去花园里给花浇水。虽然黑暗中看不清颜色，但是，鲜花的姿势不卑不亢，不自怨也不自艾，不自怜也不自恋，令夏尔深深折服，感叹不已：花和人一样，无法选择出生，无法逃脱命运的摆布，但花和人又是不同的，人可以迁徙，寻找到一个宜居的场所落脚，花却无法动弹，一旦落地生根，便永远固守着脚下这方土地，无论肥沃或是贫瘠。

"花开得再灿烂，终究只是一朵花而已。在严酷的天空下，为了倔强地生存下去，我早已失去自我，变得面目全非了。只有看到彼岸花的绿叶上挂着凌晨的露珠，我的心才能真正舒展开来。"夏尔轻轻摩挲着一枚彼岸花的叶子，无限哀伤地说道。

夏尔最喜欢彼岸花，每到秋天，彼岸花开花的时候，他才真正感到开心，但是，开心里又透着不开心。在夏尔的花园里，只有彼岸花的叶子，而没有花。

痛苦不已的男人，他的往事像梦境一样模糊。夏尔最心爱的女人有着水晶一样纯洁的心，最看不得别人受苦受难，天天向上帝祈求，要求能够为天下苍生尽自己的一份绵薄之力。"只有你的祷告最虔诚。"上帝赞许道。

1558年7月2日，夏尔最心爱的女人变成了彼岸花，开在人间去往地狱的路上，引导和安抚幽灵们受伤的心，被称为"恶魔的温柔"。

从此，夏尔和爱人天各一方，留下的记忆不过是一地花瓣。

"亲爱的！我还活着，没有灵魂，只剩了一副躯壳坚持爱你！"夏尔泪如雨下，洒到彼岸花的叶子上，比清晨的露珠还要晶莹夺目。

人物小传
旧人宜静不宜动——前任总族长

前总族长何尝不是慧眼识英雄，他早就从偌大一个血族社会中，看出了夏尔在政治和军事方面的才华，所以他惴惴不安，暗中把夏尔视作自己最强大的竞争对手。为了拔除这个眼中钉肉中刺，前总族长决定先下手为强，于是他安排了一系列举动，专门针对夏尔，处处限制夏尔，想要把夏尔扼杀在无形中。

精明的总族长，什么都考虑到了，却没有想明白一点：后下手固然遭殃，但是下手太早了，也会适得其反。正是由于前总族长的一系列举动，给他自己的未来埋下了隐患，等于亲手断送了自己的政治前程，把总族长的宝座拱手相送。总族长既然清楚夏尔是一个厉害的角色，那就不应该轻举妄动，更不应该把阿尔克直接安排到夏尔的眼皮底下，最危险的地方其实不一定最安全。

两虎相争，必有一伤。在对付夏尔的明争暗斗的过程中，总族长过早暴露了自己，而在暗处的夏尔装聋作哑，纵情声色，在用音乐表示自己无所事事的同时，也用来养精蓄锐，蓄势待发的动作总是很隐蔽的。最后，夏尔借助莉莉斯这枚棋子，一跃而起，矛头直指总族长的宝座。总族长千计划万盘算，对夏尔拼尽全力的一搏，猝不及防，一败涂地。

由此看来，前总族长不十分胜任政治角色，要明白，旧人宜静不宜动。

要问前总族长叫什么名字，不用说我们也知道，名字只是一个符号而已，前任永远代表过去。历来长江后浪推前浪，前浪死在沙滩上。

彼岸花，花开彼岸　　　　　　　　　　4—5

历史事件特写：撒哈拉战役的真实动机

　　撒哈拉战役是吸血鬼史上第二次圣战中的高潮阶段，奏响了第二次圣战的最高音。第二次圣战也因此精彩纷呈，在整个吸血鬼史上写下重彩浓墨的一笔，同时也充满了诡异的元素。

　　此外，需要说明的是，人类并没有直接参与第二次圣战。

　　从表面上看，撒哈拉战役是为了打击莉莉斯，实际上，是血族社会内部的一次排除异己的大清洗行动。

　　血族总族长以抓捕莉莉斯为由头，利用勒森魅族和梵卓族是死对头的关系，派勒森魅族去对付梵卓族，矛头直接指向夏尔，进一步激化血族内

部的矛盾，从而引燃战火。

然而，事情远非这么简单。勒森魅族本身属于魔宴同盟，高调地和整个血族社会制定的规则对着干，不奉行避世原则，一直就是血族清洗的最大目标，在黑名单中名列榜首。血族对魔宴同盟的清洗行动从来没有真正停止过。只是勒森魅族在接到命令后，可能以为血族开始真正接纳自己，不再排斥自己，被兴奋冲昏了头脑，一时忘了自己身处漩涡之中的危险。

总族长此举可谓一箭双雕，于公于私都可以捞得好处，于公而言，打击勒森魅族，于私而言，打击夏尔。但是，这场战争却是以总族长押上自己的性命为代价。

酷睿点评

由于莉莉斯导致了第二次圣战，使得血族内部大动干戈，伤筋动骨。究竟是莉莉斯的魅力太大，还是血族社会存在这样的土壤？

从第二次圣战的角度上来看，莉莉斯只是一块小石粒，所谓一石激起千层浪，起到投石问路的作用。

从总族长的角度出发，莉莉斯这个半路杀出来的程咬金，虽然不在他的行动计划之内，却正好可以给他借刀杀人的机会。

而站在夏尔的立场上来看，莉莉斯是一枚棋子，也是他反击的一个点，他可以借助这块跳板弹到制高点。

就如莉莉斯自己所感知的那样，夏尔对她没有爱，她只是他的一个玩伴而已，既是床上的好伙伴，更是战场上的好搭档。而莉莉斯又何尝不是看穿了这一点呢？她深知夏尔想要的是什么，从而抓住这一点，利用夏尔来保护自己。说穿了，互相利用而已。撩开空气里弥漫着的情欲的气息，其实有更深层次的原因，无非名和利。

有些时候有些事跟爱无关。

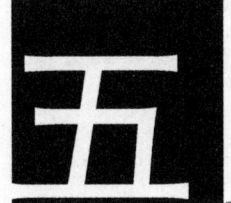

东方魔影

在受到西方社会日复一日残酷的报复后,吸血鬼开始把目光投向了遥远的东方。
梵卓族国王召集精干队伍组成骑士,开往东方,加入了丰臣秀吉侵朝的不义之战中,遭到中朝联手反抗,最终大败而归。
整个东亚笼罩在一片血腥之中。

 吸血鬼骑士东征

1581年的深秋，枫叶红了，层层叠叠，漫山遍野，整个欧洲变成了色彩的天堂。

森林尽头，血族社会的深秋的夜，却寂寞而荒凉，孤独而惆怅，充满了迷失与寒冷的气息。

10月28日晚上，夏尔来到花园里。满园落英缤纷，风与落花一起跳舞，坠落即是刹那的永恒。纷纷扰扰间，一切却又如此静谧，好似生怕惊扰了一个遥远的梦。夏尔深深地吸了口气，接着长长地叹了口气。万人之上的尊贵的王有着不能对外人诉说的痛苦，他独自照料大众的美梦和噩梦，独自在黑暗里沉思。

最近，噩耗频传。由于血族越来越强大，势力范围急剧扩张，愈发臭名昭著，遭到欧洲社会各阶层强烈的抵制，在欧洲各地遭遇不同程度的打击，付出了血的代价。

"某些地球表面上的爬行动物，被称为人类，他们迷失在时空和生命的意义里。"夏尔说："其实人类比吸血鬼更可怕，他们才是真正的吸血鬼！"

夜空暗云滚动，雷声阵阵，仿佛天地间正酝酿着一场惊天动地的大变故。夏尔任由豆大的雨点打在身上，默默地被雨水氤氲，他知道，生命里总有一些时候是要经受雨水的洗礼的。

突然，一股奇异的香气钻进鼻子里，抬起头来一看，头上不知什么时候盛开了一朵美丽的花。

这是一把从中国传进来的油纸伞，用作伞面的棉纸上涂着原生态熟桐油，香气就是熟桐油发出来的。"中国，一个神奇的国度！"夏尔揉了揉鼻

■1581年10月28日，夏尔萌发东征的念头，企图开发新的领地。
□1581年，荷兰共和国成立。

子，自言自语地说道，眼睛一眨也不眨地盯着伞面上的中国山水画。远处，中国水乡的小巷里，裸露而光滑的青石板上传来寂寞的回声，有一丝铁青的冷峻深邃。

湛蓝的闪电在云层间腾挪跳跃，宛如一根粗大的鞭子猛然劈下，要把地球劈成两半！夏尔的脑海里突然冒出一个念头，去东方！

夏尔准备去东方开辟新的领地，为血族发展更大的生存空间。1582年初春，夏尔开始大量饲养战马，训练骑兵，组成了一个庞大的东征骑兵军团。夏尔为了训练士兵们的胆量，用箭射击自己的坐骑，要求士兵们一起跟着射，但是第一组率先上场的士兵不敢射，夏尔就果断地把他们驱逐出族群，和血族社会划清界限。思虑周详的夏尔，另外还组建了一支后勤部队，专门负责骑兵们的食物，食物就是牛马羊等各种家畜。

十年之后的1592年12月24日晚上，夏尔亲自挂帅，挥舞着"死亡之鞭"，指挥骑兵军团绕开人类聚居地，从人迹罕至的巴布罗大峡谷出发，踏上漫漫的东征之路。血族要在新的世界里开辟新的时代。

巴布罗大峡谷连绵50多公里，两岸高山巍峨耸立，直插云霄，海拔4000米左右。谷底大江奔腾，水深流急，吼声如雷。要到达对岸，必须得从这条大江上过去。

"过河！"夏尔马鞭一扬，义无反顾地带头冲过去。山路乱石嶙峋，崎岖不平，夏尔的坐骑受了惊吓，一脚踩空，掉进河里，被湍急的激流卷走了。夏尔毫无惧色，奋力跳进河里，艰难地向着对岸游去。河水汹涌，夏尔几次险些被淹没，令人不寒而栗。

到达对岸后，又走了整整一周，在1593年新年第一天，吸血鬼骑兵团来到一片平坦而又清幽的草地上。

可是，吸血鬼们才稍稍松一口气，突然响起一阵呼啦啦的响声，鸟群惊慌失措地拍打着翅膀从前面倒退过来，逃命一样掠过吸血鬼们的头顶，嘴里凄厉地鸣叫着。马匹怎么也不肯再向前进一步，极度恐慌地在草地上来回打转，焦虑不安地用蹄子重重地击打着地面，发出雷鸣般的响声。

■1582年初春，夏尔开始组建吸血鬼东征骑兵军团。
□1582年6月10日，葡萄牙宣布独立。

不远处,出现了一个圆湖,仿佛一个巨大的黑洞,水波不兴,时不时地冒出一串串黑泡泡。进入沼泽地,就等于走上不归路,有去无回。

"反正过不去,横竖是个死,不如做个饱死的鬼!"一些吸血鬼害怕了,不顾一切地拖住马,张嘴就咬,直咬得满嘴都是马的毛和血。马痛得仰头哀号,拼命提着腿,要把吸血鬼们从马背上掀翻下来,双双倒在地上,扭打成一团。

夏尔挥舞着马鞭,不停地抽打着那些胆小的吸血鬼,一边打,一边厉声呵斥,要使他们的脑子清醒过来。

"站起来,继续前进!"夏尔一声断喝,马鞭一扬,笔直地指向前方,豪情万丈地激励道:"兄弟们,就让我们在战火中接受洗礼,在战斗中成长!我们是战无不胜的吸血鬼!"

一阵接一阵的长嘶声响起,沼泽地的上空充斥着悲壮的气氛。无数的马匹深陷在沼泽地里,吸血鬼们接二连三身不由己地从马背上滚落,一头扎进沼泽地里,再也爬不出来。夏尔不为所动,哪怕损失再惨重,都不能动摇他既定的决心。在夏尔的世界观里,牺牲是一个伟大的巨人,只有踩在牺牲的肩膀上,才能一步步迈向成功。

经过这两次劫难,浩浩荡荡的吸血鬼骑兵部队减损了一半,很多好不容易保住了性命的吸血鬼都失去了马匹,只得徒步而行,小心翼翼地走进丛生的荆棘地里。

前方一片死寂。夏尔却已经觉察到,这仅仅只是火山爆发前的沉默。该来的终究会来,既然无法控制住,那就尽全力去迎接!夏尔的一颗心早已锻炼成钢铁一样坚硬,无所畏惧。夏尔觉得,战争的结局如同人的命运一样,其实也翻不出很多花样,重要的是,要如何走向那个命定的结局。

就这样,吸血鬼骑兵部队白天藏在山崖下,借着树木岩石的掩护,躲避猛烈的阳光,晚上抓紧时间赶夜路,走走停停,向着东方开进。

一番翻山越岭后,1594年12月29日,吸血鬼骑兵部队来到马几迦海边。马几迦海是通往东方的必经之路,也是吸血鬼骑兵部队东征的最后一

■1592年12月24日,吸血鬼骑兵团踏上东征之路。
□1592年正月,丰臣秀吉第一次入侵朝鲜,拉开了侵略朝鲜的序幕。

程。夏尔之所以选择从这里过，同样的道理，因为人类还没有发现这里。

海上狂风大作，风暴夹着巨大的海浪汹涌而来，不断冲刷着曲折海岸线上的礁石，溅起更高的浪头。船只在滔天巨浪的推搡下，摇摇晃晃地向前挪动。甲板毕竟不比陆地，颠簸得厉害，不习水性的吸血鬼们一时难以适应，止不住地晕头转向，站也站不稳，有的跌坐在甲板上，有的掉进海里，有的吸血鬼神智混乱，本性发作，抓住同伴就咬，吸食对方的血。

突然，海底下一阵阵巨大的声波盘旋而上，夏尔的耳膜被撞击得疼痛难忍。夏尔定了定神，运用特异功能一看，一条长十来米的大白鲨正来势汹汹地朝他们冲过来！正是黑夜里吸血鬼们火红的眼睛吸引了大白鲨。

夏尔浑身的鲜血顿时凝固住了，就在他头脑一片空白的瞬间，大白鲨已经接连掀翻了好几艘船。掉进海里的吸血鬼被大白鲨尖利的牙齿撕成碎片，一个浪头打过去，消失得无影无踪。

夏尔一边号令吸血鬼们不要畏惧强敌，一边使出浑身解数和大白鲨搏斗。夏尔早已从莉莉斯那里偷学了法术，当下强作镇定，静心屏息念起咒语，海浪逐渐平息下来。经过几个回合的较量，领悟力极强的吸血鬼们很快就掌握了大白鲨活动的规律，对它笨拙的举止嗤之以鼻，轻而易举地绕了过去，加大马力向前开去。这个时候，浩浩荡荡的吸血鬼骑兵部队只剩下寥寥无几的残兵剩将，一个个衣衫褴褛，疲惫不堪。

"东方胜利在望！"夏尔嘶哑着嗓子，直着脖子使劲吼道。一阵海风袭来，夏尔的黑斗篷在风中飘扬起舞，成了一面旗帜。

天空越来越亮，阳光透过厚厚的云层射到甲板上。现在已经是1595年2月15日的凌晨。东征路已经走了整整2年了，夏尔心力交瘁，实在太累了。夏尔转身走进船舱里，还没挨近床边，就轰然倒在地上，呼呼入睡。

"或许，人生就像乘船一样，把一切抛在身后，永远航行在未知中。"夏尔在梦中喃喃自语道。说着说着，忽然睁开眼睛，望向窗外的天空，要是妈妈还在的话，不知该会怎样地牵肠挂肚？

■1593年1月1日，吸血鬼东征军团遭遇沼泽地。
□1593年，意大利科学家伽利略发明气温表。

人物小传
天生的王者——夏尔

  东征路上的夏尔，下猛江，过沼泽地，和鲨鱼搏斗，他都亲自带头冲在最前面，跨越一切艰难险阻，奋勇向前。这个时候的夏尔，已然不是一个高高在上的王者，只是把自己当做一名普通的士兵。但是，王者的风范一直不曾离开夏尔，而且一直鼓舞着整个吸血鬼东征部队的士气。

  夏尔从蛰伏在泰德峰下养精蓄锐，到毅然接受前总族长的挑战，投身到第二次圣战中，并且很巧妙地利用了战机，改变了自己的命运，借用反手推拿的技巧，把前总族长使在他身上的力气全部还回去，最后取而代之，一跃而上登上总族长的宝座。这一路走来，风波迭起，高潮不断，夏尔能屈能伸，该软的时候软，该硬的时候硬，永远不变的是王者的气度，始终气定神闲，仿佛在闲庭中散步一样。能文能武的夏尔不仅会打江山，更会坐江山。在对血族社会的管理中，夏尔软硬兼施，各种手段玩得滴溜转，而且力度中不失温情。只要能够利用的，夏尔一定不会放过，而对于不能利用的对手，夏尔也决不会手下留情。

  夏尔最大的遗憾，就是出手帮助日寇丰臣秀吉，从中可以看出他没有一个正确的是非观，有的只是天下万物一切为他所用的霸气。

  无论任何时候，无论从哪个角度分析，夏尔都不愧为一代君王，绝对担当得起全血族的重托。可惜，也正因为如此，夏尔再完美都无法上花名册，他终究不过只是一个吸血鬼而已。

■1594年12月29日，吸血鬼骑兵部队来到马几迦海边。
□1594年，莎士比亚写《罗密欧与朱丽叶》。

月影庇护吸血鬼东征军团向着目的地开进　　　　5-1

 ## 荡气回肠的桔梗谣

　　1595年4月24日，吸血鬼骑兵部队的船只缓缓进入黄海，向着朝鲜半岛的方向驰去。一路上，后勤部队带的家畜吃的吃死的死，已经所剩无几，急需上岸补充食物供给。

　　突然，响起一阵令人心悸的巨大爆炸声，火云膨胀，沿着海面急速蔓延开来，大海被震撼得剧烈摇晃起来。强大的气浪排山倒海一般向四周扩散开来，把吸血鬼骑兵部队的船只接连掀翻了好几艘。吸血鬼们从来没有看见过火药，吓得屁滚尿流。

　　此时，正值日本首相丰臣秀吉侵略朝鲜。借着炮火的掩护，从远方赶来支援的中国明朝舰队，和朝鲜的舰队会合后，从两肋夹击，扑向日本舰队，进行反攻。中朝两国舰队意气风发，所向披靡，越战越勇。猛烈的炮

■1595年2月15日的凌晨，吸血鬼东征骑兵团海上战胜鲨鱼。
□1595年11月12日，英国著名海盗霍金斯结束罪恶的一生。

火一次次地覆盖下来，火光冲天而起，夹杂着船只噼里啪啦的断裂声，和日本鬼子临死前爆发出来的嚎叫声，转眼之间血肉四溅。

夏尔躲在船舱里，沉默不语。东方对夏尔来说，是一个完全陌生的环境，在还没搞清楚状况前，他绝不会轻易出手。

敌对双方的战术各不相同。丰臣秀吉命令日本炮手把炮口抬高，猛轰中朝两国的帆索，试图使它们失去控制。训练有素的中国明朝炮手立即随机应变，把炮口放低，对日本舰队的舱面一通横扫，直打得日本兵纷纷跳海。再加上力量对比悬殊，战斗到第二天晚上的时候，天平已经很明显地向中朝这方倾斜。

日本舰队连连中弹，轰然下沉，就连丰臣秀吉的主战舰也被大炮击中，出现好几个大窟窿，海水咆哮着倒灌进去。丰臣秀吉吓得掉转船头，向着日本岛的方向狼狈逃窜。中朝两国总指挥发誓要活捉丰臣秀吉，当即乘胜追击，咬住不放。

看到这里，夏尔果断地运用读心术，号召吸血鬼们出手援助日本舰队。夏尔盘算着，在危急时刻帮助日本舰队，一定会使他们感激涕零，从而赢得日本的支持，使自己在东方站稳脚跟。精明如夏尔，也会做出错误的判断，他不明白，从来邪不压正。不过，通过这次战争，让夏尔明白了东方没有适合吸血鬼生活的土壤，欧洲才是吸血鬼永远的家园。

吸血鬼骑兵部队马上一分为二，从背部包抄中朝两国的舰队。吸血鬼们冒着枪林弹雨，像钻进了铁扇公主肚子的孙悟空，就地取材，把中朝两国的士兵当成猎食的对象。早已饿得抓狂的吸血鬼们张牙舞爪直扑过去，伸出尖利的爪子，把中朝两国士兵身上穿的铜盔铁甲抓了个稀巴烂，紧紧地附在他们的身上，对准脖子就一口咬下去。中朝两国的士兵们见一群怪物从天而降，吓得目瞪口呆，有的甚至心脉悉数被震断，不等吸血鬼动手就死了。

半路杀出程咬金，中朝两国舰队的阵势被打乱了，船只三三两两地在海面上团团打转。贼心不死的丰臣秀吉在不远处看见了，以为转机来了，

■1597年5月28日，吸血鬼东征军团回到欧洲。
□1597年6月20日　荷兰探险家威廉·巴伦支逝世。

掉头反扑。

就在混乱不堪的时候，突然，响起铮铮的古琴声，犹如一股清泉，洗涤着人的心灵，又如刹那芳华，漫天飞花。乐声细细地延伸着，夏尔虽然听不懂乐曲要表达的内容，但是，音乐无国界，亦没有种族之分。夏尔心底深处最柔软的部位被触动了，目光穿越纷飞的炮火，落在海天交际的地方。夏尔扼腕自问，我成了自己的主宰，同时也沦为自己的奴隶，命运始终没有掌握在我自己的手里。我从哪里来，要到哪里去？

满天的星倦了，只剩月亮在黑漆漆的天幕中守望。早就看透了沧桑的月亮，没有立即给出明确的答案。夏尔幽幽地长叹一声，穿越黑暗也许就是天堂？

突然，琴弦齐刷刷断了，一根根如利箭一般笔直地射向日本舰队。琴弦每射死一个日本兵就弹回去，很快地，又朝下一个日本兵射过去。与此同时，一条白色的身影腾空而起，直扑丰臣秀吉所在的日本主战舰。

白色身影婀娜多姿，一眼就可以判断出这是一个美女，一种遥远的高高在上的美丽，从头到脚优雅得无以复加的身姿，即使是浑身上下每一个毛孔都透着死亡的气息，依旧掩饰不住不容侵犯的高贵。充满异国情调的东方美女，令夏尔头晕目眩，不能自已。

这个时候，已经是4月26日的清晨，细碎的阳光洒在海面上，泛起朵朵金花。夏尔躲在船舱里，果断地改变策略，运用意念，借助浪花做武器，转而帮助东方美女攻打丰臣秀吉。

都说"春城无处不飞花"，四月是一个花团锦簇的季节。朝鲜半岛百花齐放，流莺飞转，春情无限。夏尔用自己的方式，在这个风光旖旎的季节里，做了东方美女的护花使者。

夏尔的意念再强大，却无法抵制住火势猛烈的枪炮。眼看白色身影就要接近目标时，一颗子弹结束了她姿态优美的飞行。情急之下，夏尔奋不顾身地跃出船舱，紧紧地抱住美女，不让她的身体继续下坠。

朝鲜士兵整齐有序地站在甲板上，异口同声唱起桔梗谣，歌颂纤纤弱

■1598年9月28日，夏尔喝得酩酊大醉，试探朴贞贤。
□1598年，明代剧作家汤显祖创作《牡丹亭》。

女子的爱国义举，也为夏尔英雄救美喝彩。歌声被海风吹送出去很远很远，和着海浪强有力的节拍，把丰臣秀吉赶出了黄海海域。

歌声中，夏尔和美女一同掉进海里。

人物小传
小花也灿烂——朴贞贤

桔梗花的花语纠缠了两种含义：永恒的爱和无望的爱。桔梗花花姿宁静高雅，花色娇而不艳，给人以宁静、幽雅、淡泊的感觉，被誉为"花中处士，不慕繁华"。

桔梗花不是富贵花，它开在杂草丛生的野地里，简单地美丽着，淡定中融了几分沉静、几分心事、几分无奈在里面，格外惹人怜爱。

白衣少女名叫朴贞贤，在古琴的伴奏下出场。人还没出现时，琴音已经向我们诠释了她的高洁形象，朴素中见真情。朴贞贤只是一个普通的朝鲜少女，从小父母双亡，由中国人抚养长大。中国恩人还传授给她盖世的武功，武器就是古琴。

拥有如花容颜的朴贞贤，有着玉一般坚贞的内心。

在夏尔企图挽救日本侵略者的时候，朴贞贤及时出手制止。朴贞贤不仅用琴弦打击日本兵，还亲自上去取丰臣秀吉的狗命，仿佛一朵美丽的桔梗花绽放在炮火纷飞的战场上。

可是，朴贞贤的美丽却给她自己带来了灾难。她无意中出现在夏尔的面前，从此改变了自己的生命轨迹，沦为一个悲剧的角色。这一切的变故，不在朴贞贤的掌握中，她还没明白怎么一回事，就只得接受命运的安排。人生的意义在于努力把这段生命延续下去。坚强的朴贞贤轻易不会放弃一切的希望，往后的她将在有限的范围内努力改善周围的一切，她深知这个世界上的任何一种生命都过得不容易，因为懂得，所以怜悯。

■1599年5月12日，夏尔秘密召见中立党派和灭亡氏族，试图夺回总族长的宝座。
□1599年，庞贝古城再次面世。

美丽的桔梗花,被迫离开家乡,随风儿孤独地飘向远方……

纤弱而不娇弱的桔梗花　5-2

 ## 东西合璧

朝鲜少女名叫朴贞贤,夏尔抱着她回到自己的船舱里。水珠从朴贞贤的身上极不情愿地向下跌落,湿漉漉的身上,伤口还在往外冒血,性命危在旦夕。

"对不起,都是我的错。"夏尔饮泣道,伸手在朴贞贤的鼻子底下轻轻一探,气息微弱,当下毫不犹豫地咬破自己的手腕,按在朴贞贤的伤口上,把自己身上的血输送到朴贞贤的体内。

■1600年2月17日,勒森魁举办生日派对,同时为自己奏响哀歌。
□1600年12月31日,英国东印度公司成立。

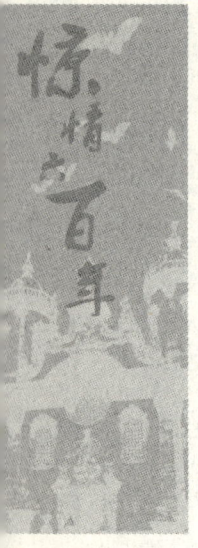

吸血鬼东征军团返回欧洲　　　　　　　　5-3

死里逃生的朴贞贤被初拥后，昏昏入睡，呼吸渐渐趋于均匀。

1595年4月26日，夏尔果断地下令，返回欧洲。东方各国之间争斗太厉害，局势极其不稳定，再加上风土人情和欧洲完全不同，夏尔不打算在夹缝里求生存。夏尔决定在哪里摔倒，就在哪里爬起来。

东征路上损兵折将，令血族元气大伤，但是，对于夏尔来说，最大的收获，就是遇到了朴贞贤。回去的路上，夏尔看山是山，看水是水，幸福得睡觉都笑出声来。

1597年5月28日，当船在汉堡靠岸的时候，朴贞贤奄奄一息地睁开眼睛，有气无力地望着这个完全陌生的环境，从此告别了阳光下的生活。

朴贞贤的眉眼有着东方独有的婉约之美，又如婴儿般纯真，透露出来的满是善良和温润的气息，配合着似雨非雨阴霾的天气。夏尔深深陶醉在这一幅山水画里，再也无法走出来。

"我要你做我的王后，我们一起管理血族！"夏尔说着，低下头在朴贞贤的手背上深情地吻了一下。

朴贞贤知道自己已经没有退路，再说夏尔是她的救命恩人。朴贞贤劝慰自己：没有一段感情能够在开始的时候就预知长久，所谓长久，那是两个人爱的尝试与努力。朴贞贤一再问自己的心，如果今生今世，都没有同夏尔痴缠过，会不会后悔？

不顾征途的劳累，夏尔牵着未来新娘的手，一步步往血族总部所在的格斯汀城堡走去。格斯汀城堡的门口，勒森魃族的族徽已然取代了梵卓族的族徽。原来，夏尔率领全体密党同盟的成员们远征东方以后，格斯汀城堡就成了一座无人把守的空城。心怀不轨的勒森魃，趁机犯上作乱，发动魔宴同盟全体成员乘虚而入，占领了格斯汀城堡，勒森魃则宣布自己成为新一任的总族长。

夏尔跌足长叹，责怪自己做事情考虑不周到，顾此失彼。

突如其来的变故，一下子把夏尔从幸福的巅峰推入悲痛的谷底，摔了个粉身碎骨。

夏尔只得忍气吞声，一步步退回到梵卓族的旧宫殿里。

多年的努力付诸东流，夏尔无法接受这样残酷的事实，从此一蹶不振，夜夜买醉，以求麻痹自己。

"我们一起离开这里，做一对亡命天涯的幸福鸳鸯。" 1598 年 9 月 28 日晚上，夏尔又一次喝得酩酊大醉。

"我的夫，"外表柔弱的朴贞贤意志坚定，她一边静心服侍烂醉如泥的夏尔，一边温柔地宽慰道："真正的光明决不是永远没有黑暗的时候，只是永远不被黑暗所掩蔽罢了。真正的英雄决不是没有卑下的情操，只是永远不被卑下的情操所屈服罢了。所以，你在战胜外来的敌人之前，先得战胜你内在的敌人。"

夏尔热泪盈眶，一头扎进朴贞贤的怀里："我为你哭，也为你停止流泪。"

两个孤独的灵魂，在冰冷的世界里相互温暖。用全部生命守护着的爱人，如同空气般重要。

其实,夏尔所做的一切都是为了掩人耳目,转移勒森魁的注意力,他早就在暗中联系其他力量,伺机反扑。

1599年5月12日深夜,夏尔秘密召见中立党派和灭亡氏族的族长们,商量对策,许诺事成之后给予他们丰厚的赏赐,并且抬高他们在血族社会中的地位。

夏尔用刀割破自己的左手腕,把鲜血滴到伏特加酒里,毕恭毕敬地向各位族长敬酒。夏尔第一个把血酒端给中立党派中的瑟泰特族(Setites)的族长瑟泰特喝。瑟泰特族是血族社会里的黑暗仆人,行为举止猥琐,很少有吸血鬼会对他们正眼看待,甫一受到夏尔如此的礼遇,瑟泰特感动极了,率先跪倒在夏尔的脚跟前,向他表示忠诚。

"总族长,我的每一根头发都愿意为你效命!无论你的皮鞭指向哪里,我们就打到哪里!"瑟泰特匍匐在地上,信誓旦旦地发誓道。

转眼勒森魁七十岁的生日快要到了。勒森魁早早就做好了准备,要在格斯汀城堡里举行生日派对,通宵达旦地狂欢。勒森魁此举既是为了庆贺生日,更是借此机会庆贺自己荣升总族长,接受全体血族成员的朝拜。

1600年2月17日晚上,格斯汀城堡里灯火通明,喧声鼎沸,空气里充斥着恶臭扑鼻的酒气。

不速之客夏尔登门了,刚一进门,就"扑通"一声跪下来,匍匐着爬到勒森魁的脚旁边,为他舔去脚趾头上的灰尘。

"总族长,我带了一份东方特色的礼物来给您祝寿!"夏尔说着,轻轻地拍了拍手,进来一个阿拉伯美女,和一个阿拉伯男子鼓师。

鼓声响起,阿拉伯美女开始轻柔地舒展胳膊,扭动身体,把女性S型曲线美发挥到了极致。围观的吸血鬼们屏息静气,两只眼睛一眨也不眨地盯着舞娘,在鼓声的逗弄下,心底焦躁的欲望散去又聚拢,不能自已。音乐越来越欢快,掀起一波又一波的高潮,在到达最高音的时候,戛然而止。

大家都还没回过神来,满心期待下一波的高潮。正在这时,鼓师拔出藏在靴子里的匕首，飞身刺向勒森魈。

夏尔送给勒森魈的生日礼物就是他的秘密武器，来自阿萨迈特族（Assamite）的刺客——肚皮舞舞娘和鼓师。阿萨迈特族属于中立党派，成员来自中东荒漠，是一群狂热的宗教信仰分子。夏尔一直在暗中培训他们做职业杀手，没想到这么快就派上用场。

就在鼓师快要接近目标时，勒森魈猛地拔出宝剑，把鼓师拦腰斩成两截。鼓师爆发出"啊"的一声惨叫，埋伏在大门外的瑟泰特族听见了，以为是夏尔下的命令，高叫"勒森魈生日不快乐！"迅速封锁了各个出入口，把整座格斯汀城堡包围得水泄不通。

"生日不快乐？"勒森魈听了，陡然一惊，正感觉异样，后脑勺已经被一只枪给顶住了。

勒森魈从来没有见过枪支，不知道子弹的杀伤力，跳起来就要往外跑。"砰"的一声枪响，勒森魈的腿中弹，痛得满地打滚，嘴里杀猪一样地嚎叫不停。灼热的弹片在皮肉上滋滋地烤出烟来，焦味充斥着空气。这下捅了马蜂窝了，参加派对的魔宴同盟的成员们吓得抱头鼠窜，一哄而散。

不一会儿，格斯汀城堡的上空枪声大作，子弹擦着魔宴同盟成员们的耳根呼啸而过，纷乱地打在墙壁上，顿时石沫乱飞，铆足了劲为勒森魈庆贺生日。

这时，朴贞贤也来到了格斯汀城堡，衣带生风地迈着轻柔的步子，走到夏尔的身边站住。夏尔紧紧拽住她的手，一起朝总族长的座位走去。

朴贞贤的出现，令狂野的冬风也变温和了，温和得没有了声音。

朴贞贤对着夏尔不易察觉地摇了摇头，夏尔马上心领神会地冲下面一摆手："停！"制止了骚动。

"我们都是一家人。"朴贞贤温柔地说道。

"滚！"夏尔用脚踢了踢在地上滚来滚去的勒森魈，命令手下把他拖出去，放他一条生路。

　　随后，夏尔安抚魔宴同盟的全体成员，说："这不是你们的错，你们只是在服从上级的命令而已。谁做的事谁承担后果，跟你们无关。"

　　夏尔对魔宴同盟的全体成员一概不做追究，还给他们颁发了豁免牌，放他们回北欧继续过逍遥的日子。

　　魔宴同盟的成员们纷纷跪倒在地，感谢夏尔的不杀之恩。

　　夏尔发表了慷慨激昂的演讲，满含深情地说道："我了解我的子民，当你们立誓要效忠于我时，你们的内心其实正在准备背叛，你们对'真诚'爱得越深，就越急切地背弃'真诚'。'真诚'就是冰清玉洁、令人屏息仰视的贵妇，而'不真诚'则是人尽可夫的娼妓，纵容我们，让我们沉湎于粗俗的快乐。我能做的就是力求真诚，真诚地对待我的每一位兄弟姐妹，为你们的一切负起全责！"

　　夏尔的名声就此传播开来，令吸血鬼们佩服得五体投地，领袖魅力就此奠定。

　　"这场动乱不要记入史册，就让它消失在历史的长河里吧！"夏尔嘱咐纪实员。纪实员负责记录血族内部发生的一切事件。虽然夏尔不要求做记录，但是这场叛乱已经记入血族的血液里，将随着子嗣的传承，世代相传，作为前车之鉴，警示后裔保持团结。

　　1600年2月18日凌晨，战争的硝烟还没有完全消散，夏尔趁全体血族成员都在场的机会，和朴贞贤举行了简单而又隆重的婚礼。朴贞贤载歌载舞，跳起了朝鲜传统舞蹈助兴。格斯汀城堡温暖如春。

　　夏尔以身作则，带动吸血鬼内部通婚的浪潮，极大程度上推动了吸血鬼数量的发展。最重要的是，只有内部通婚，才可以培育出高贵的纯血种的吸血鬼。

　　夏尔一直到死，都分不清中国和朝鲜，以为朴贞贤就是他梦中想要亲近的中国人。

人物小传
感恩戴德瑟泰特

吸血鬼很少对瑟泰特族表示善意,这是有原因的。瑟泰特族是黑暗的仆人,腐败的化身,他们的最终目标就是使人类与血族的道德沦丧,使用包括毒品在内的种种手段诱使其他血族或人类坠落,为自己创造不计其数的奴隶。瑟泰特族通常先设法使受害者堕落,再利用其弱点奴役对方。

血族鄙视瑟泰特族,而瑟泰特族也不和其他氏族结盟。只要有瑟泰特族,就会带来罪恶与沉沦,因此许多吸血鬼都拒绝瑟泰特族进入他们的城市。

瑟泰特族在整个血族社会中地位低下,身份卑微,在血族社会的边缘地带苦苦挣扎着,可以想见他们失落自卑的心理。因此,当瑟泰特族的族长瑟泰特受到夏尔的血酒礼遇时,这对他来说简直就是天大的恩惠。夏尔是当时血族社会的最高统治者,而长期得不到正统血族社会承认的瑟泰特,能够得到夏尔如此的礼遇,一下子从一个极端走到另一个极端,怎么不叫他激动万分呢?而夏尔正是摸准了瑟泰特这种心理特点,抓住时机利用他来为自己效命,夏尔深知,感恩戴德的瑟泰特一定会忠心不渝,自己可以完全信任他。

夏尔是在失势的情况下,召见包括瑟泰特族在内的部分不得志的氏族,他们之间弱弱联手,内在的潜力就会达到一个最高的爆发点。为了翻身,包括瑟泰特族在内的这些氏族都会竭尽全力去争取胜利。这样的力量不容低估。瑟泰特在其中更会起到首当其冲的带头作用。

都说男儿有泪不轻弹,瑟泰特的感动其实就是在向夏尔表明他的忠心。

万历朝鲜战争　　　　　　　　　　5-4

历史事件特写：丰臣秀吉侵略朝鲜

  万历朝鲜战争，又称朝鲜壬辰卫国战争，日本称之为文禄之役。这场战争由日本前关白丰臣秀吉在1592年正月派兵入侵朝鲜引起。秀吉的野心不止于朝鲜，他最终的目的是要征服明朝。丰臣秀吉统一日本之后，已经没有领地可以犒赏有功的将领，如果占领了中国，当然不愁没有领地可以分发。

  秀吉的军队在攻打朝鲜二十天后，已经攻陷汉城，可谓势如破竹。日军制胜的关键在于拥有先进的欧式火枪。就在秀吉得意忘形之际，朝鲜的游击队开始在各地反击，朝鲜名将李舜臣率领朝鲜的水军，以龟甲船及船炮震天雷大破日本的军队，控制了制海权。

  朝鲜向宗主国中国求援，明神宗（即万历皇帝）应请求派军救援。进入严冬后，明朝的救援军队赶到朝鲜，日军在饥寒交迫中牺牲惨重，厌战气氛弥漫。日军对朝鲜民众的残害更加激烈，而且日军为了争取战功，将战死的朝鲜士兵的鼻子、耳朵割下，用盐醋防腐寄回日本给丰臣秀吉，由于以数量记功，所以很多无辜的老弱妇孺都受到残害。这些鼻子与耳朵埋葬在京都方广寺大佛的西侧，今日则称为"鼻冢"。至今，韩国人一提到丰臣秀吉，莫不咬牙切齿。

在中朝联手反击下，日本占领朝鲜并以之为跳板进攻明朝的行动受阻，丰臣秀吉也在战争末期死去。丰臣秀吉死后不久，日本军队全部从朝鲜撤退。

酷睿点评

夏尔在东征路上损兵折将，最后无功而返。但是，不能说夏尔此行完全没有收获。东征途中的道道关卡，种种艰难险阻，使夏尔得到了更大的锻炼，同时，夏尔的勇气和胆量都在这段征途中进一步得到了锤炼，为他良好的心理素质打下扎实而又坚固的基础。所以，夏尔在回到欧洲后，面对被篡位的变故，能够临危不乱，并且冷静地安排好接下来的每一步棋，为反攻做好周到而又细致的准备工作。东征路上，夏尔得到的是无形的精神资产。

东征对夏尔来说，其实是最后一场考验，庆幸的是，夏尔最终顺利地通过了这场考验。夏尔用自己的实力向整个血族社会证明，他才是他们最强有力的支柱，值得他们依靠。夏尔无愧于历史的重托，他成就了吸血鬼历史上最光辉的形象。

夏尔在东征途中，向我们展示了一个更加全面的自己。

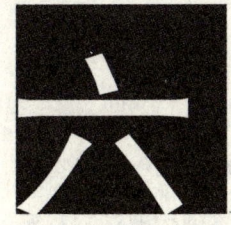

古城堡攻坚战

城堡是吸血鬼主要的居住地。

一座没有门的城堡，城堡的主人是世界上的头号吸血鬼瓦拉西亚大公伏勒德。城堡里还豢养了许多专吸人血的神魔。

要怎么才能进入这座没有门的城堡呢？

 15 世纪的盛宴

爱迪达高山的夜晚，幽远无止境，隐隐约约几点昏黄的灯火，明明灭灭地挣扎着，竭力想要洞穿前世今生。

近乎迷乱的月色下，耸立着一座百年古城堡——克鲁姆城堡，城堡的地势极为险峻，外围建有多层城垣，环绕着一条宽约15米的护城壕沟，城堡中的最后一道防线是巨大的花岗石垒成的要塞。

克鲁姆城堡没有门，出入口不远处有一棵参天古树，高耸入云，透着沧桑古朴的气息。夜风漫无边际地吹动着，忽然，一团乌云飘过来，停在城堡的门口。原来是一只巨大的蝙蝠，瞬间变化成人形，钻进城堡里。

克鲁姆城堡里，雕像的廊柱、镶嵌的壁檐、马赛克地面，装潢得富丽堂皇，蔚为壮观。这个时候，里面欢宴笙歌，每一个角落都被欢快的乐曲声塞满了。地上横七竖八地躺满了人面蛇身女怪、半人半鸟女妖、铜脚女煞等各种奇形怪状的女妖。一群女妖一边听着琴声，一边开怀畅饮。酒杯里装的不是酒，是人血。

无数双皮鞋踩在大理石地面上发出清脆的响声，震得城堡门口那棵参天古树也摇摆起来，发出沙沙的摩挲声。女妖们互相对望一眼，想起今天是1561年8月9日，瓦拉西亚大公伏勒德过来的日子，没来由地，恐惧爬上女妖们的背脊。城堡里顿时鸦雀无声，陷入一片死寂。

脚步声越来越近，窗口出现一张惨白的脸，一双墨绿色猫一样的眼睛里燃烧着熊熊的烈火，欲望达到了最高点。拉西亚大公伏勒德平时以人类上流社会的贵族形象出现，只有在这一天回到克鲁姆城堡里，变回吸血鬼

■1461年，克鲁姆城堡建成。
□1461年，爱尔兰爆发民族起义。

德拉克拉，准备放开肚皮饱餐一顿。

女妖们争先恐后地来到侧花园。侧花园里关着早已饿得奄奄一息的人类俘虏。俘虏的嘴里都塞着小铁球，防止他们出声。女妖们训练有素地拉出一串俘虏，三两下扒了个精光，分别把他们按倒在木板上，从臀部插入一根长长的木棍，一直穿过整个身体，从嘴巴里伸出来，再将木棍高高竖立起来，生生地把俘虏杀死了。鲜血喷涌而出，流入放在木板下面的水盆里，再倒进大水缸里收集起来。

面对这惨无人道的一幕，拉西亚大公伏勒德怡然自得地抽起了烟，贪婪地吮吸着烟草的味道。

不一会儿，大水缸就满了，足够拉西亚大公伏勒德带回去享受一阵子了。眼看鲜血从水缸的边缘滴答着挂下来，拉西亚大公伏勒德扬起手制止道："够了！"

女妖们清理好现场，又把一具具的尸体扛到海拔高达3000公尺的山顶，扔在那里。山顶俨然成了天然停尸场，层层叠叠堆砌着白森森的骷髅头，以及人体各个部位的骨头，弥漫着浓烈的腐臭味。密密麻麻的乌鸦和秃鹰正在啄食死尸，听到动静，一哄而散，等女妖们扔下尸体后，又飞快地聚拢过来，扒拉出内脏，继续啄食。女妖们顿时毛骨悚然，飞也似地逃走了。

吸血鬼德拉克拉　　6-1

女妖们的前身是人类，由于作恶多端，受到上天的惩罚，变成兽身，从1558年起陆续被拉西亚大公伏勒德收到布朗城堡里，做了他的仆人。纵使女妖们作恶多端，但是，身体内的人性尚未完全泯灭，如此残忍血腥的场面，她们多多少少还是无法接受的。

女妖们到达山顶的时候，拉西亚大公伏勒德的肚子已经饱得鼓囊囊的，

■1556年7月28日，巴托里伯爵夫人来到克鲁姆城堡。
□1556年，西班牙人入侵菲律宾。

他满意地咂吧着嘴,新鲜的血液比储藏的要美味可口。

拉西亚大公伏勒德享受过后,带上大水缸离开了。可是,恶心的一幕还远远没有结束。拉西亚大公伏勒德只是一个月过来一次,而女妖们每天要接触的,比这个更叫她们心胆俱裂。

女妖们从山顶下来,沉默的夜渐渐隐退到天幕的后方,月亮越来越淡,若有若无地挂在空中,太阳开始渐渐升起。转眼已是8月10日的早上了。

"不知道月亮和太阳相遇的一瞬间,会不会感到幸福?"女妖们面面相觑,异口同声地叹息道。

忙碌了一整夜的女妖们没有回到克鲁姆城堡里,而是径直下了山,去执行巴托里伯爵夫人指派的另一项令人发指的任务。

巴托里伯爵夫人受了拉西亚大公伏勒德的唆使,1556年7月28日晚上,趁丈夫外出打仗,离家出走来到克鲁姆城堡,做了拉西亚大公伏勒德的情妇。在拉西亚大公伏勒德的诱使之下,巴托里伯爵夫人也变成了一个嗜血的吸血鬼,而且她专门吸食少女的血,以保证自己青春永驻,美貌不衰,被称为"人类的莉莉斯"。巴托里伯爵夫人的恶行,深刻揭露了中世纪欧洲贫民生活在水深火热中,进一步加剧了中世纪欧洲贵族和贫民之间的矛盾。几年下来,克鲁姆城堡所在的地方,附近方圆数百里以内的所有的村庄,找不到一个少女,而个别还残喘苟活着的少女天一黑就大门不出,二门不迈,正因为如此,女妖们不得不趁天还没完全发亮就出去寻找猎物。

女妖们把捕捉到的少女们带到克鲁姆城堡里。巴托里伯爵夫人是娇生惯养长大的,从小过着衣来伸手饭来张口的优越生活,嫌弃要亲自动口咬住少女的脖子,一个个地吸食她们身上的鲜血太麻烦。1557年,她发明了一个方法,指示女妖割开少女们的喉管,像对待屠宰场里的动物那样,放光她们身上的血。

除了把人血当成日常饮用水以外,巴托里伯爵夫人还把人血派做另外的用途。她有一个专用的浴室,极其奢华。浴室是一间封闭式的圆顶小屋子,掩映在一片花木中,浴室上面开有天窗,用来透光。房间的地面铺着

■1557年,巴托里伯爵夫人指示女妖们给少女们放血。
□1557年,葡萄牙人入居澳门。

花砖,最里面的墙壁上凿制出一排水槽,墙壁上方隐蔽处有一个水箱。浴池内的水循环流动,靠一个进水渠流入,而地炕式的加热装置则使水温恒定。不,确切地说,浴池里流动的不是水,而是人血。

巴托里伯爵夫人脱掉自己身上的衣服,迫不及待地跳进装满鲜血的浴池里,开始洗澡。

"上帝保佑,我永远也不会长出一条皱纹。"巴托里伯爵夫人不断地往身上撩拨着殷红的鲜血,嘴里喃喃自语地说道。这具扭动着的身体里,只有赤裸裸的欲望。

克鲁姆城堡里的女妖 6-2

人物小传

著名的吸血鬼德拉克拉

德拉克拉,也译作"德库拉"等,意思是"恶魔",即传说中的吸血鬼起源之一。

德拉克拉白天在人类社会公开的身份是瓦拉西亚大公伏勒德,而夜晚则恢复吸血鬼的本来面目。德拉克拉这个形象不是凭空想象出来的,欧洲历史上确有其人,并且在吸血鬼历史上也占有重要的一席之地。

凡事要运用辨证法一分为二看待,不能一棍子打死。瓦拉西亚大公伏勒德一生功过对半开,毁誉参半。瓦拉西亚大公伏勒德骁勇善战,在位期间一直与入侵的奥斯曼帝国土耳其军队英勇作战。他曾两次大败敌军,最后战死疆场。瓦拉西亚大公伏勒德战功卓著,在罗马尼亚人眼中他是一位为抵御外敌的民族英雄。

■1558年,女妖们开始被瓦拉西亚大公伏勒德收进克鲁姆城堡里。
□1558年1月7日,法国从英国手中夺取了加莱。

但是,瓦拉西亚大公伏勒德的性格异常残暴,以残忍而出名,他最臭名昭著的就是发明了"刺刑"。瓦拉西亚大公伏勒德将俘虏的两万多名士兵,统统剥光了衣服示众,并且活活地将战俘从臀部插入一根长长的木桩上,然后一直穿过整个身体从嘴巴出来,再将木棍高高竖立而起,环绕着城池而行,将战俘生生折磨致死。最后,把战俘的尸体扔给乌鸦和秃鹰啄食,使周围长年累月弥漫着浓烈的腐臭味。瓦拉西亚大公伏勒德因此得到了"穿刺王伏勒德"的恶名。

当然,德拉克拉只是最恶名昭著的吸血鬼而已,并不是史上最早的吸血鬼。

人物小传
历史上真实的巴托里伯爵夫人

伊丽莎白·巴托里伯爵夫人,绰号"德拉克拉伯爵夫人"(Countess Dracula),出生在匈牙利一个最强大的贵族家庭。她的家庭成员中包括当时的波兰国王斯蒂芬·巴托里和特兰西瓦尼亚亲王等。伊丽莎白的家族拥有众多财富,比当时的匈牙利国王还富有。

在当时的匈牙利和波希米亚等地,中世纪的阴霾还没有完全散去,伊丽莎白这样强权的贵族仍然掌握着生杀大权。15岁那年,伊丽莎白的家族把她嫁给了一个地位同样崇高的贵族弗朗西斯·纳达斯第伯爵。纳达斯第在对抗穆斯林的战争中表现英勇,但是为人凶残,甚至虐待妻子,而且同妻子一起虐待仆人。

丈夫经年在外征战,一回来就打她出气,伊丽莎白·巴托里被折磨得心理逐渐变态,用虐待少女来发泄。在地下室里,她用小刀、针或其他各种方法折磨了三百

■1559年3月17日,凯莉去克鲁姆城堡找巴托里伯爵夫人。
□1559年2月21日,清太祖努尔哈赤出生。

多名少女。这些少女大部分来自农民家庭。她还让人给少女们放血,然后用这些鲜血沐浴,或者干脆喝掉。她采用这种愚昧而又古老的驻颜秘方,企图用来永葆青春。

后来,伊丽莎白·巴托里的表哥图尔索伯爵带领农民占领了她的城堡,救出了其中一部分少女。伊丽莎白·巴托里夫人诉讼案当时轰动整个欧洲。

伊丽莎白·巴托里夫人因为显赫的身世免予一死,但被终身监禁在城堡的一个塔楼内,每天由专人负责从地洞里把饭塞进去给她吃,一直到她死去。

血洗城堡

克鲁姆城堡门前的古树沉默着,沉默是一个朦胧的表情,让人难以捉摸。可是,有谁会在乎一棵树的沉默呢?

没有门的克鲁姆城堡永远保持一个姿势,大张着黑乎乎的嘴巴,随时准备吞掉猎物。可是,猎人变相的也是一种猎物,每踏出一步,都要考虑到后果,猎人距离猎物越近,成为猎物的可能性也越大。谁也没有发现,有一双海一样湛蓝的大眼睛一直盯着窗外看,望向无边无际的未来。

1564年6月28日晚上,巴托里伯爵夫人正在洗澡。突然,轰的一声,水箱底部的石板裂开掉了下来,殷红的鲜血张牙舞爪地倾泻下来,像瀑布雨一样把巴托里伯爵夫人严严实实地笼罩了起来。巴托里伯爵夫人吓得尖叫一声,从浴缸里钻出来,赤裸裸的肉体被鲜血浸泡成了一尾红色的鱼,光溜溜地径直窜了出去。

鲜血像脱了缰的马一样向前汹涌着,汇成一股小溪,不一会儿就奔突着出了门,一路蜿蜒延伸。血河流经之处,触目惊心的红。克鲁姆城堡门口的

■1561年8月9日,瓦拉西亚大公伏勒德去克鲁姆城堡。
□1561年2月,菲利普二世将王宫迁移到马德里。

一片青草地,被血河强奸了茵茵的绿意,倒在阳光下大口大口地喘着气。

这天一大早,一个叫里昂的农夫就赶着羊群上爱迪达高山吃草,有一只羊远远地离开羊群,独自跑到克鲁姆城堡门外的青草地上吃草。里昂到处寻找,来到了克鲁姆城堡的大门口。

巴托里伯爵夫人　　　6-3

爱迪达高山坐落在巴布妥小镇的范围以内,而巴布妥小镇属于瓦拉西亚大公伏勒德的领土。可想而知,这件案子就这样被压下来了。里昂得到的解释是,巴托里伯爵夫人的一匹马被强盗打死了,草地上的血是马受伤后流出来的。

里昂虽然是一个农民,却为人机灵,而且富于正义感。他抬头望着盘旋在头顶的秃鹰,心里的疑云更大了。里昂想到,最近几年以来,爱迪达高山聚集了越来越多的秃鹰,再联系到越来越多的少女莫名其妙的失踪,越想越觉得蹊跷。

苦苦思索了整整一周后,里昂终于下定决心,毅然跑到巴赫特城堡里,去找图尔索伯爵,把一切和盘托出。里昂是图尔索伯爵家里的佃户,而图尔索伯爵又是巴托里伯爵夫人的表兄。图尔索伯爵淡泊名利,隐居乡里,时刻关心当地百姓的疾苦,经常周济灾民,深受百姓的爱戴。

"什么?一共有300多名少女失踪?"图尔索伯爵听了里昂的汇报以后,极度震惊,继而震怒。这么灭绝人性的一幕竟然就发生在自己的眼皮底下,而且就发生在自己亲人的身上。图尔索伯爵联想到巴托里伯爵夫人从来不在克鲁姆城堡招呼亲朋好友的怪诞举止,决定要查个水落石出。

图尔索伯爵先派人爬到爱迪达高山的顶峰,看到了"停尸场"上令人惊悚的一幕,然后亲自骑上马,以走亲戚为借口,事先没有跟巴托里伯爵夫人打招呼,径直来到克鲁姆城堡。巴托里伯爵夫人正在为流到门外的人

■1562年12月31日,凯莉被巴托里伯爵夫人初拥,变成吸血鬼。
□1562年1月25日,戚继光奉命调入福建剿倭。

血发愁，没想到图尔索伯爵不请自来，一下子乱了手脚。

"表哥，你、你、你怎么来了？"巴托里伯爵夫人慌得话都说不利索了；差点咬着舌尖。

图尔索伯爵表面上不动声色，装作关切地对巴托里伯爵夫人说道："啊，表妹，你平时极难得参加聚会，独自一人呆在这么个荒凉的地方，我不放心你，特地过来看看你！"

"啊！"巴托里伯爵夫人原本就心里有鬼，乍一听到"不放心"三个字，吓得两腿发软，差点晕厥过去。

见到巴托里伯爵夫人这个样子，图尔索伯爵心里大致有数了。他一边和巴托里伯爵夫人说说笑笑，一边在克鲁姆城堡里走走停停地绕着圈子，查看蛛丝马迹。

第二天一大早，图尔索伯爵就带着巴赫特城堡的三百名守兵，浩浩荡荡开到克鲁姆城堡。巴赫特城堡的守兵分别由步兵、弓箭手和骑兵组成。除此之外，图尔索伯爵还带了一名精通医术的牧师。

克鲁姆城堡攻坚战轰轰烈烈地展开了。克鲁姆城堡战役只是发生在人类和吸血鬼之间的一场局部小战争，但却揭开了冰山一角背后的巨大的黑洞。

克鲁姆城堡的地下室里还设有军火库，炮台就在地面上隐蔽的地方，如果不是知情人，根本无法发现。奇形怪状的女妖们从仆人变身为斗士，竭尽全力为主人卖命。图尔索伯爵的士兵们舍生忘死，在枪林弹雨中义无反顾地冲锋陷阵。

战争黑天昏地地进行着，双方都死伤累累，横尸遍野。克鲁姆城堡四周的草地都被鲜血染红了。

到了1564年7月2日这一天中午，克鲁姆城堡弹尽粮绝。巴托里伯爵夫人一声娇喝，女妖们一拥而上，和图尔索伯爵的队伍展开肉搏战。女妖们的身体犹如蟒蛇一样，紧紧缠住士兵们，死活不肯松手，士兵们手持宝剑使劲往她们身上戳，成败与否全在这最后一搏。女妖们兽性大发，扑在

■1564年7月1日，图尔索伯爵攻打克鲁姆城堡。
□1564年2月18日，米开朗基罗·博那罗蒂去世。

人身上又抓又咬。一个士兵七次摔倒,七次爬起来,当他再一次抱住其中一个女妖在地上滚做一个肉球,一路滚到大门口,扑倒在外围的弓箭手身上。城堡外面,毒箭如注,不断地射进来。整个巴布妥小镇都轰动了,老百姓们纷纷自发前来助战,拿着锄头和铲子,抱着石磨,和女妖们展开了激烈的厮杀。

牧师从容地走进克鲁姆城堡,扬着清亮高亢的声音,对着女妖们布道。女妖们体内一丝尚存的良知渐渐地开始复苏,松开了邪恶的双手。正午时分,太阳爬上头顶,强烈的阳光照得女妖们神志涣散,匍匐在地上不能动弹。牧师于是收拢了她们,带走了。

图尔索伯爵没有立即解决巴托里伯爵夫人的性命,而是把她软禁在克鲁姆城堡的地下室里,食物从一个小洞里送进去,勉强维持她的生命,要她在余生好好地反省自己的所作所为。为了防止巴托里伯爵夫人自杀,地下室里空空如也。不择手段爱惜自己的容颜的巴托里伯爵夫人,临死前提出要照镜子,想最后看一眼自己的容颜,遭到拒绝,抑郁而终。

当克鲁姆城堡打仗的消息传到拉西亚大公伏勒德耳朵里的时候,他马上变回吸血鬼德拉克拉,逃走了。

血洗过后的克鲁姆城堡,变成了一片废墟,日久失修,渐渐地荒芜了。

劫后余生的克鲁姆城堡　　　　　　6－4

■1565年7月2日,凯莉和布朗相爱。
□1565年,土耳其海军攻击马耳他岛。

废墟上的夜来香

爱迪达高山地势险峻,四周群山环绕。克鲁姆城堡的废墟坍塌在其间,犹如一颗掉了半截的烂牙。

日复一日,年复一年,废墟在风雨的侵蚀下,面目全非。残破的城垣断断续续地向外延伸着,像一堆省略号,掩盖了无数的悲欢离合。

废墟上的野草疯长,比人还高,风一吹,争相打架。被鲜血浸染过的土地,长出来的草都是红色的,红到发黑。夕阳西下,废墟上投下一片黑黝黝的阴影。

1565年7月2日,凯莉睁开眼睛,眼神恍惚,仿佛苏醒在恍若隔世的时空里。

凯莉是巴托里伯爵夫人的女儿。1559年3月17日,带着春天的希望,15岁的凯莉来到克鲁姆城堡,恳求母亲回家,无意中看到了不该看到的一幕。人性完全泯灭的巴托里伯爵夫人怕自己的恶行败露,居然把亲生女儿关押在地下室里,整整关了三年。一直到克鲁姆城堡被攻破,凯莉才逃了出来。由此可见,吸血鬼的感情淡薄,亲情链条难以束缚心中的毒蛇。

可是,逃出了地狱的凯莉,已经变得无家可归,终日游荡在克鲁姆城堡的废墟上,栖息在残垣断壁中,幕天席地,和月光星辰作伴。

"宝贝,过来,抱抱!"不远处的墙角下,躲着一只瘦骨嶙峋的野猫,静静地和凯莉对望。凯莉走过去抱起来,用脸温柔地摩挲着野猫的后背。野猫享受地闭上眼睛,不时轻呼一声。

忽然,凯莉猛地张开嘴巴,一口咬住野猫的脖子。凯莉还被关在克鲁姆城堡的地下室里时,1562年最后一天,12月31日那个晚上,巴托里伯爵夫人找不到少女,饿到抓狂,就拿亲生女儿代替,末了,又不想凯莉死

■1566年,克鲁姆城堡的废墟上长出了夜来香。
□1566年8月10日,荷兰爆发骚乱。

去，就把她给初拥了。

事已至此，凯莉想怨恨母亲也来不及了，只求能够把这一段生命延续下去。凯莉饿极了，大口大口地吮吸着猫血，可惜，猫实在太瘦了，没几口就全部吸干了。接着，凯莉用又尖又长的指甲在地上挖出一个不深不浅的坑，把干瘪成一块抹布似的野猫的尸体埋进去。

"托尼，我的宝贝！"突然，身后传来一声惊叫声，凯莉转过身去，看见一个年轻人正朝她这边跑过来。

克鲁姆城堡战役结束后，巴布妥小镇的居民就陆续搬走了，没多久，整个巴布妥小镇成了一座空城，荒无人烟。凯莉已经好久没见着一个人了，一下子愣在那里。

年轻人跑得飞快，在乱石堆里竟然如履平地，不大一会儿就到了凯莉的跟前。"你把我的托尼怎么了？我的托尼怎么了？"年轻人说着，蹲下身，伸出手扒拉开小坑上盖着的泥土。猫的尸体露出来了，年轻人轻轻地抱起来，搂在怀里，眼泪扑簌簌地往下掉。

凯莉完全没有料到这只猫竟然有主人，她脑子里"嗡"的一声乍响，顿时一片空白。她想不起来要质疑，怎么这个年轻人也和她一样，手指甲又长又尖的？

其实，布朗也是一个吸血鬼，来自魔宴同盟中的棘秘魑族（Tzimisce），就住在爱迪达高山对面的陡峭崖壁里。布朗沿着本氏族游荡的路线，越过易北河，沿着奥德河与多瑙河，穿过普利佩特沼泽，最后在爱迪达高山附近落脚。布朗生性冷酷，极端无情，可是，在他看到凯莉的第一眼起，就深深地爱上了她。布朗故意把野猫说成是自己的，借机接近凯莉。

"我的托尼死了，你赔我！"布朗说着站起来，挨近凯莉，额头抵住她的额头。布朗两眼直直地盯着凯莉看，想要把她吞进肚子里似的，心里却在想着，可怜的小姑娘，饿极了吧，居然喝野猫的血充饥。

凯莉被布朗灼灼的目光逼视得一张脸全红了，一直红到耳后根。凯莉使劲扭着身子，想要挣脱布朗的怀抱，一边费力地蠕动着嘴巴，声音低得像是蚊子在叫:"是我的错,你只管惩罚我吧……"

布朗伸手在凯莉的鼻尖上轻轻地刮了一下,提出唯一的要求,要凯莉跳舞给他看。每当午夜梦回的时候,布朗觅食回来,总会望到山的这边,凯莉在月光下翩翩起舞的美妙身姿,就像一朵艳丽的花绽放在荒山野岭中。

凯莉矜持了一会儿,见实在拗不过布朗,就含羞带怯地跳了起来。舞蹈中的凯莉,宛如传递着天地间自然生息的神秘使者,一抬手一投足之间流泻出丝丝入扣的生命律动,极具感染力。在月光与夜风扭曲的旋律中,在黑白交错的光影下,凯莉跳着跳着,逐渐进入忘我的状态中,就像平时那样,尽情地释放自己,用舞蹈和自己对话。布朗在一旁紧紧盯着看,努力用心解读凯莉的心声。

凯莉的舞蹈很纯,离现实的炊烟很远,却离布朗的心很近。布朗眼里的焰苗也跟着疯狂扭摆,仿佛在给凯莉伴舞。那一刻,灵魂受了召唤,回到了凯莉的身体里,还有布朗的身体里。

凯莉的容貌秉有稀世之姿,舞蹈又如此空灵,双重的美丽构织成了深不可测的魔力,深深地吸引了布朗。

"太美了!"布朗情不自禁地赞叹道,迎上去敞开怀抱,拥抱住凯莉,对着她娇喘吁吁的双唇就深深地吻了下去。

"啪!"凯莉条件反射般地扇了布朗一巴掌,出手又重又狠。凯莉活到18岁,还从未和一个异性如此近距离地接触,贵族少女应有的矜持使她情急之下做出了过激的反应。

布朗没有料到凯莉对自己如此排斥,伤心极了。布朗沉默了许久,捂着脸,讪讪地说道:"我只是向你表示一下友好,对你的舞蹈表示肯定和赞赏……没想到你这个样子……唉,你的心里积满了尘埃,让我来帮你擦拭吧!"

"不,你错了!"凯莉侧过脸去,侧面的线条柔中带刚,透着倔强。凯莉幽幽地说道:"尘埃是擦不掉的,它和我的心头肉一起生长,已经紧密地连接在一起了。"

　　布朗不信，凯莉二话不说，用又尖又长的指甲在自己的胸口划拉开一道口子，掏出心脏给布朗看。

　　"喏，这下你相信了吧！"话还没说完，凯莉的身子就摇摇欲坠。布朗又一次抱住了她，把她紧紧地搂在怀里。这下凯莉再也无力挣扎，任由布朗抱住自己。凯莉在布朗温暖宽厚的怀抱里渐渐地平息下来，心里不由地涌起一种安全感。凯莉感到自己的一颗心就在此刻找到了回家的路，不由得深深地舒了一口气。

　　布朗抱着凯莉坐在草地上，抬起头一起望着墨黑的夜空。两颗孤独的心，隔着黑色的斗篷，越贴越近，相互慰藉。一颗流星划过，在废墟的上空点亮了生命之灯，天地都肃穆无声，像在为布朗和凯莉的相遇相爱而祝福，又像在为凯莉默默地祈祷着。

　　"你看，那使劲眨着眼睛的星星，是谁家点燃的柴火，不小心撒在了银河里……"凯莉躺在布朗的怀里，指着夜空天真浪漫地说道，眼神却忧郁空洞，若有所思。凯莉想起很小的时候，曾经听母亲说起过，流星代表爱情，流星滑落就意味着和幸福擦肩而过。我失去了谁？谁又失去了我？凯莉在心里一遍又一遍悄悄地问自己。

　　"我爱你！"布朗轻轻地在凯莉的额头印下一个吻痕，无限深情地说道："知道吗？我已经爱你很久很久了……你爱我吗？"

　　"你说呢？"红晕泛上来，半晌，凯莉才吐出这么一个问号，把问题抛回给了布朗。其实，在见到布朗的第一眼，凯莉就心为之震撼，深深地爱上了他。这一眼，石破天惊，令天地都为之动容。凯莉感觉自己毕生的能量都在这一刻全部迸发。

　　凯莉失血过多，生命一点点走到了尽头。合上双眼的瞬间，凯莉笑着安慰布朗，说："本来体内流的就不是我自己的血，现在到了我还债的时候了……"

　　布朗放声大哭，哭声在爱迪达高山的上空回荡，经久不息。以后谁会在午夜时分跳舞安抚他的心呢？没想到这么灵验，自己的爱情如流星一般短暂，才刚刚表白，就要说拜拜。

风在群山之间来回徘徊，挟带着强劲的势头，猛烈地摇撼着山体，似乎在发出一遍又一遍的质问："为什么？这到底是为什么？"

群山呜咽。盘旋在山顶的秃鹰和乌鸦，都不忍心冲下来啄食凯莉的尸体，过了一会儿，凄厉地叫着，渐渐地散了，飞远了。巴托里伯爵夫人残忍到了极点，而她的亲生女儿却如此善良，怎么不令天地万物感慨万千呢？

布朗哭累了，抱着凯莉的尸体昏昏沉沉地睡去，梦到凯莉穿着洁白的婚纱，披着晨露和阳光，赤着脚向他跑过来，脸上笑颜如花。"啊，我的新娘！"布朗朝凯莉敞开怀抱，把自己给笑醒了。

这时，天已经大亮了，太阳出来了，阳光钢针一样扎下来，布朗被灼得痛了，惊醒过来。我们该何去何从呢？布朗苦苦地思索着。

就像凯莉埋葬野猫那样，布朗也在地上挖了个坑，抱着凯莉的尸体，一起钻进去。

"亲爱的，以后我们就永远在一起了，生生世世永不分离！"布朗含笑对抱在怀里的凯莉说道，深怕惊醒了沉睡中的她的美梦似的，把音量放到最低。

凯莉的痛只有布朗知道　　　　6-5

在经历了大喜大悟之后，布朗和凯莉都已经释然，坟墓对于他们来说，不是生命的终结，而是开始。他们将要去到另一个黑暗的世界里成双成对，恩恩爱爱，过着神仙眷侣般的逍遥日子。只要有爱情相伴，再苦再难的痛苦经历，他们都承受得起。

不管风吹雨打，布朗和凯莉的合欢冢静静地存在着，沉默不语。也许他们双双离开才是最正确的选择，毕竟吸血鬼和吸血鬼之间的结合对整个人类社会构成的威胁太大。

第二年，克鲁姆城堡的废墟上长出了一种不起眼的植物。一个夏天的夜晚，突然开花了，一朵朵像米粒般大小，犹如凯莉和布朗破碎到无以加的心，又仿佛张着嘴在诉说什么。一阵风吹来，花瓣散发出清新迷人的香气，而且越夜越香，间或夹杂着若有若无沉重的鼻息。

沉睡的城堡，睡不去的爱情。后人永远无法探知，在废墟的地底下，有一段沉睡了千年的爱情。

人物小传
任是无情也动人——布朗

布朗来自血族魔宴同盟中的棘秘魅族。棘秘魅族出没于欧洲大陆，其踪迹甚至越过了易北河，沿着奥德河与多瑙河，穿过普利佩特沼泽，最后在喀尔巴阡山的陡峭崖壁里定居。

棘秘魅族生性冷酷，对入侵者毫不留情。棘秘魅族拥有重塑血肉的异能，可以藉由毁损对手躯体，塑造自己惊人的美貌。

几千年来，棘秘魅族在无数的战斗锤炼中变得极端残暴。即使在吸血鬼中，棘秘魅族的残暴也是恶名昭彰。后来，棘秘魅族离开故土，加入了魔宴同盟。他们引导同盟排斥所有的人性。

但是，就是这样一个天生无情的布朗，却深深地爱上了善良的凯莉，爱上了月光下凯莉美妙的舞姿。凯莉具备了布朗身上不具备的一切优点，和布朗之间形成强烈的对比，因此对布朗构成了强烈的好奇心和吸引力。布朗就这样毫无防备地掉进爱河里，不能自拔。

由于布朗性格的缘故，他不可能直接对凯莉表达自己内心真实的情感，而是以质疑的态度、掩饰的手法来表达自己对凯莉特别的爱。不谙世事的凯莉怎么看得懂其中的奥妙呢？布朗对凯莉的爱有多强烈，构成的冲击力就有多强，单纯的凯莉被这沉重的爱情给击溃了。

从表面上来看，好像是布朗的爱害死了凯莉。但是，深层次的原因，凯莉的经历造成了她极端脆弱的内心，不管爱或不爱，她都无法承受。凯莉的一生注定是短暂而又悲剧的。

历史事件特写：冰山一角的克鲁姆城堡

在白天，很多吸血鬼以贵族形象出现在人类社会中，那么现在就让我们来了解一下欧洲中世纪贵族的权力、地位和责任。

图尔索伯爵带领部队攻破了巴托里伯爵夫人居住的克鲁姆城堡。历史上真实的人物其实不是出于高尚的目的，而是因为巴托里伯爵夫人的丈夫纳达斯第已经战死沙场，巴托里和纳达斯第家族大片的领土和财产令匈牙利贵族们（包括国王）垂涎三尺。

中世纪欧洲的封建制是一种建立在土地基础上的经济制度，一般而言，一个人在封建制下的权利是和他对土地的所有权直接相关的。国王将土地以封地的形式分给向王室效忠的贵族，从理论上来说，封地是随时可以被国王收回的，而且在领主死后必须交还给国王。但是事实上，中世纪的君主们的权力小得可怜，根本不足以收回已经分封给贵族们的采邑，这些采邑最后成为贵族的世袭产业。

封建领主通常在自己的领地上享有司法权，只有某些特定的大案才需

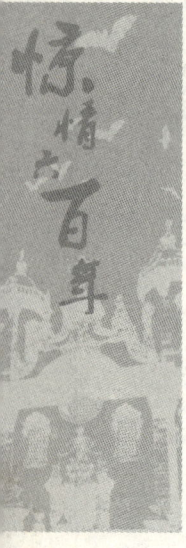

要提交给国王仲裁。他有权征收包括通路税在内的各种赋税，与之相应的就是要保护领地内的穷人和孤儿寡妇。这就是包括巴托里伯爵夫人在内的贵族们为什么可以在自己的领地内为所欲为，因为贵族的权力实在太大了。鱼肉老百姓的贵族和吸血鬼又有什么区别呢？

当然，有时候一件事不必每个细节都分得很清楚，我们只要知道图尔索伯爵攻破了克鲁姆城堡，终止了巴托里伯爵夫人的恶行，这就够了。

酷睿点评

克鲁姆城堡一直保持沉默，沉默是最高的姿态，将尊严捍卫到底。

面对吸血鬼德拉克拉和巴托里伯爵夫人鬼混时不堪入目的一幕幕，克鲁姆城堡没有任何表示。面对那么多无辜的人类生命被活活折磨致死的痛苦，克鲁姆城堡依旧没有任何表示。在图尔索伯爵带兵攻打它的时候，打得它面目全非，克鲁姆城堡还是没有任何表示。

这些经历，克鲁姆城堡都是被迫接受的，但却要以摧毁它作为代价。克鲁姆城堡何以能够承载这些沉重？不知道月亮是否会听见克鲁姆城堡在深夜里低低的啜泣声？

整个中世纪欧洲的愚昧和落后，又岂是克鲁姆城堡能够拨乱反正的？克鲁姆城堡无言以对，只能长久地沉默着。有时沉默也是一种表达，既然不能说话，那就让自己一直沉默下去吧。

劫后余生的克鲁姆城堡更加沉默了，不知道它还能忍受多少沉默？会有吸血鬼在它面前反思和忏悔吗？

千年的孤独

都市的喧嚣被冷硬的大理石墙壁拒于门外,吸血鬼蜷缩在古城堡斑驳的墙角,吹起心爱的长笛。

向夜的黑镜中投过去一瞥,今夜是否会和曾经的故人相遇?

让我们走进吸血鬼的世界,在命运的动荡与荒谬里,和他们一起感受爱恨情仇。

 **折断的长笛**

  德米尔湖位于昆兰斯高原上,烟波浩渺如波涛汹涌之大海,面积不大,却深不可测。该湖终年不冻,河畔青山叠翠,林木葱茏,水吟鸟鸣,风光旖旎。

  可是有谁意料得到,这么美丽的地方却遍地都是吸血鬼的足迹。

  秋天到了,昆兰斯高原断不了的绵绵阴雨,空气中弥漫着清新的湿气。

  1565年9月7日晚上,德米尔湖的湖面上烟雨濛濛,像笼罩着一层轻纱,朦胧中透着些许绿意。冷风中,一个年轻人站在湖边吹起了长笛,音色婉约如冰澈的月光,随雨水一起氤氲开来,那些埋藏在深处的心事缓缓地倾泻而出。

  布拉德低垂着眼睑,所有的心思全部倾注在按在长笛上的一双修长而又优美的手上,心里一遍又一遍地想象着,芭芭拉有没有听到他的笛声?听到了又是怎样的一副神情?

  芭芭拉依偎在斯汀兰城堡的窗户前,一脸真诚,正用她那双乌黑晶亮的眼睛追逐着在云层中穿梭的月亮。悠悠的长笛声长上一双梦的翅膀,带着感动的雷鸣,箭一般射过德米尔湖,来到芭芭拉的身边。音符一串接一串伴随着雨点针芒一样扎在芭芭拉的肌肤上,钻进她的心里。

  曾经的一对鸳鸯被活生生拆散,隔着德米尔湖遥遥对望,把思念写满整个夜空。

  1562年3月5日,是布拉德和芭芭拉的结婚纪念日。身着白色婚纱的芭芭拉漂亮极了,美艳不可方物。当天晚上,布拉德在新房里吹长笛给芭芭拉听,笛声吸引了四处寻找猎物的吸血鬼雷伏诺。雷伏诺是雷伏诺族的

■1562年3月5日,布拉德和芭芭拉结婚。
□1562年1月,日本著名武士织田信长与德川家康联盟。

族长，是旅行者更是盗贼，他像风中稻草般流浪在整个欧洲大陆上，一路走一路偷过去，栖身在中世纪世界的隐秘之处。当雷伏诺一路循着笛声追踪过去，发现了芭芭拉。雷伏诺外形扭曲，是个不折不扣的怪物，因此对美好的事物有着特别的嗜好，当他见到惊为天人的芭芭拉，就像熔岩在火山口翻滚，如何能抑止？雷伏诺不顾一切地抢走了芭芭拉。

生命如同一把粗糙的剪刀，音符就此被切分。从此以后，布拉德吹着长笛，踏上了寻找芭芭拉的漫漫长路。布拉德一共翻越了九十九座山，跋涉过九十九条河，1563年6月24日这天深夜，他来到德米尔湖边，刚巧芭芭拉外出觅食路过那里。可是，芭芭拉已经变成了吸血鬼，她怕自己对布拉德不利，不肯跟他回家，趁他不注意，变成蝙蝠飞走了。德米尔湖曾经吞噬过无数来此游泳的人类生命，由此得了个"鬼眼"的恶名。德米尔湖隔断了通往斯汀兰城堡的通道，让一对有情人相见无期。

从那以后，每天晚上，天色刚刚暗下来，布拉德就会来到德米尔湖边，吹起长笛，召唤芭芭拉回到自己的身边。夜风像一面漆黑而又精准的筛子，过滤着无尽的相思。

不绝如缕的旋律萦绕在德米尔湖上，经久不息，叫人听了，无处可躲。"啊！"雷伏诺抱着脑袋狂啸。1566年9月2日这天晚上，雷伏诺再也受不了了，闪身掠过德米尔湖，想要结果了布拉德的性命。可是，当他一想到芭芭拉幽怨的眼神，就收回了正要伸向布拉德的手。雷伏诺知道，本来芭芭拉就对自己冷漠至极，要是让她知道自己对布拉德的所作所为，就再也不会理睬自己了。雷伏诺想到这里，心里异常烦躁，抱着脑袋，冲下山去，寻找猎物发泄。

布拉德依旧每天晚上在德米尔湖的那一侧吹着长笛。曲调越来越悲哀，沉静中一股凝重的忧伤，哀婉动人。芭芭拉每晚如约而至，守着窗户，将陷于万年情劫的德米尔湖深藏心底，为它啼血，为它孤绝。

"来，对着我笑一个！"1567年10月17日晚上，雷伏诺外出寻找猎物，刚走到斯汀兰城堡的大门口，转身往花园里走，走到窗前，站在芭芭拉的跟前。

■1563年6月24日，布拉德在德米尔湖边遇到芭芭拉。
□1563年9月4日，明神宗朱翊钧出生。

哀伤的新娘芭芭拉　　7-1

芭芭拉只顾望着月亮，看也不看雷伏诺一眼，这大大地激怒了雷伏诺。

雷伏诺暴跳如雷，在花园里又跳又叫："为什么你从来不对我笑一下！"

芭芭拉丝毫不为之所动，两眼笔直地盯着月亮。

雷伏诺咆哮了一会儿，跑下山去了，找到了两个人，一个给自己充饥，一个带回来喂芭芭拉。

天气一天天地冷了，德米尔湖没有结冰，依旧水波荡漾。1568年11月17日晚上，布拉德又来到德米尔湖边。月亮从树梢后面悄悄地探出头，又缩了回去。德米尔湖睁着昏昏欲睡的眼，无言地盯着苍穹。已经在德米尔湖边守了两个多月了，芭芭拉一直没有再出现。

"都是长笛害了我！"布拉德一把折断长笛，扔在岸边，毅然跳进德米尔湖里。他要游到对岸去找芭芭拉。

冬天的河水冰刀一样刮擦着布拉德的身体，布拉德咬着牙，忍住痛，奋力向前游去。布拉德游到湖中央的时候，突然，水面下伸出一只手，狠狠地拽住他的一只脚，往水下拖。

"不好，脚抽筋了！"布拉德暗暗叫了一声，拼命划动胳膊，使劲拍打着水面。

挣扎中，布拉德抬头望了一眼月亮，月亮上芭芭拉穿着婚纱，依旧是结婚当天的模样，对着自己微微笑。

正在这时，站在窗前看月亮的芭芭拉突然心头大恸，拉起裙摆，跑出斯汀兰城堡，向着德米尔湖的方向飞奔而去。

"布拉德，亲爱的，等等我！"芭芭拉一边跑，一边喊着布拉德的名字。

芭芭拉跑到德米尔湖边，纵身跳了下去。等芭芭拉赶到布拉德身边的

■1565年9月7日，布拉德在德米尔湖边吹长笛，召唤芭芭拉。
□1565年戚继光、俞大猷基本肃清倭寇。

时候，布拉德只剩下半个脑袋露在水面上。

德米尔湖承载不了太多的爱，也超越不了生和死的界限。

芭芭拉抱着布拉德的尸体，登上爱情的彩虹，踩着苦难的阶梯，一步步接近天国。

雷伏诺捡起岸边断成两截的长笛，一半丢进德米尔湖里，一半自己拿着，尝试着吹出连贯的音符。

雷伏诺再也没有出去寻找猎物充饥，把自己关闭在斯汀兰城堡里，把都市的喧嚣拒于冷硬的大理石墙壁之外，有一搭没一搭地吹着长笛。

"我的爱情在哪里？谁才是我今生的归宿？"雷伏诺边吹边想。

布拉德对雷伏诺的斗争是人类在没有教会的组织和带领下，民间自发的对吸血鬼采取的抵制行动，没有过激的动作，在日常生活中一点点地渗透……

人物小传
谁是谁的新娘——芭芭拉

芭芭拉在新婚之夜被雷伏诺抢走，离开了新郎布拉德，转而做了雷伏诺的新娘。

芭芭拉和布拉德因为彼此深深地相爱而走到一起，可惜，有情人虽然成了眷属，却不能够天长地久地厮守在一起。他们的结合因为雷伏诺的强行插入，而被迫终断。但是他们的爱情并没有因为肉体的分开而终止，相反，对彼此的思念更加深化了他们之间的爱情。这份爱情随着长笛的笛声萦绕穿插在他们的生命中，因为他们早已血肉相连，他们是不可分割的共同体。

芭芭拉和雷伏诺在一起，是被迫的，情非得已。罪魁祸首是芭芭拉过分美丽的容颜，为她引来蜜蜂的同时，也招来了苍蝇。凡事都有利有弊，不能一言以蔽之。美丽不是罪，但是有时候却会给自己带来不必要的麻烦，所谓飞来的横祸。

芭芭拉肯定不爱雷伏诺，但是，她却不得不和雷伏

■1566年9月2日，雷伏诺企图对布拉德下手。
□1566年，威尼斯出现世界上最早的报纸之一《Notizie Scritte》。

诺在一起,因为她已经被雷伏诺初拥了,变成了和雷伏诺一样的吸血鬼。从这一点上来看,很像人类夫妻的结合,为了满足各自对利益的需求而走到一起,建立家庭的双方不一定需要爱情,但却需要一定的物质基础。芭芭拉和雷伏诺的结合,充满了矛盾,她对他既排斥又依赖,她分分秒秒想要离开他,但是她最离不开的也是他。这种奇异的关系就这样扭曲地存在着,把芭芭拉熬成了一滩油。

左边是爱人,右边是伴侣,芭芭拉该如何选择?命运又给了芭芭拉多少选择的余地呢?

孤独踯躅的芭芭拉　　　　　　　　　　　　7-2

 ## 泣血的玫瑰

索摩亚城堡坐西朝东,主建筑是巴洛克风格,内部装饰纤巧精美,在

■1567年10月17日,雷伏诺找芭芭拉吵架。
□1567年,中国明朝下令解除海禁,中国商人可以自由出海贸易。

当时的欧洲首屈一指。由于它壮观高贵的气质，被称为是"最接近童话的地方"。

特别到了春末夏初，红玫瑰开了，整座索摩亚城堡成了一片火海。

大卫是索摩亚城堡的继承人，他的内心敏感而脆弱，充满了许多浪漫却又不切实际的想法，更为这座精致绝伦的城堡增添了几分感伤而又浪漫的气氛。

1573年5月2日，清晨的阳光照亮了巴希亚乡间的宁静湖面，也唤醒了湖边美丽的索摩亚城堡。大卫没吃早饭就来到花园里，花园里所有的花都是他亲自照顾的。大卫像蜜蜂似地把花粉从这朵花送到那朵花，给各个不同种类的玫瑰花进行人工授粉。忽然，大卫发现了一朵最大的红玫瑰。一个穿着红色衣裙的漂亮女孩站在花丛中，笑得比鲜花还要灿烂。大卫看得呆住了。女孩被大卫盯着看得难为情极了，转身就走，洒下一连串银铃般的笑声。女孩走得又急又快，两边肩头起起落落。大卫这才发现她居然有一条腿是跛的，走起来轻微有点颠。大卫在心里轻轻地叹息了一声，上帝不肯把一件理应完美的作品做到完美。想到这里，大卫急忙赶上去，拦住了女孩。大卫从来没有摘过一朵花送人，但是，今天他为心仪的女孩破例，把花摘下来，戴到她的头上。那是一朵奇妙的玫瑰花，花朵就像是一颗鲜红的心。

"大卫，我亲爱的儿子，你在干什么？"大卫的母亲黛安芬伯爵夫人边说边走进花丛中："格瑞斯是你的远房表妹，今天刚从家乡过来。"

大卫爱上了格瑞斯，想要娶她为妻。可是，黛安芬伯爵夫人不喜欢娶个残疾人做儿媳妇，在她看来，这样有失体面。

"格瑞斯和她的妹妹露西亚是她们家乡有名的姊妹花，而且露西亚长得比她更漂亮！"黛安芬伯爵夫人见拗不过大卫，于是转了口风。

大卫断然拒绝，说："姐姐和妹妹是独立的个体，我喜欢的是格瑞斯，不是露西亚！"

大卫说完，转身走出黛安芬伯爵夫人的房间。

■1568年11月17日，布拉德和芭芭拉双双死去。
□1568年，澳门区主教卡内罗在澳门创办中国第一所西医教会医院。

第二年初夏,满园的玫瑰花都开了的时候,大卫迎娶了格瑞斯。两个人每天早上手牵手来到花园里,一起给花浇水。

索摩亚城堡因其地理位置三面环水,又在海边,从来都是遭受入侵首当其冲的地方。尤其是海盗经常在这里登陆,给整座巴希亚镇带来无尽的杀戮和掠夺。

1574年6月28日,海盗又一次在索摩亚城堡附近登陆。大卫带领城堡驻兵去驱赶海盗,双方展开了激烈的厮杀。大卫兵分两路发动进攻,其中一支队伍从侧面包围,另一支队伍截断海盗的后退之路,把海盗停靠在岸边的所有船只全部焚毁。

海盗几乎没有任何准备,一开始就被打了个措手不及。

大卫亲自带头冲锋陷阵,争战中,不小心掉进海里。

噩耗传来,黛安芬伯爵夫人嚎啕大哭,直哭得天昏地暗。可怜格瑞斯和大卫新婚燕尔才刚过一个星期,夫妻两人就天人永隔,格瑞斯痛不欲生。可是,格瑞斯再痛苦,都不忍心看到婆婆如此难受,不计前嫌走上前安慰婆婆。婆媳俩抱头痛哭。

可是,一分钟前,黛安芬伯爵夫人还紧紧地搂着格瑞斯,心肝宝贝地叫着,说幸亏上帝派格瑞斯来到她的身边陪伴她;一分钟后,黛安芬伯爵夫人就恶狠狠地推开格瑞斯,尖着嗓子怒骂:"你这跛脚的魔鬼!都是你带来的厄运!"

就在大卫才刚刚死去的第三天,1573年7月1日,黛安芬伯爵夫人把格瑞斯赶出了索摩亚城堡。

无家可归的格瑞斯流落街头,路上的行人对着她举世无双的美貌,纷纷惊呼:"好漂亮的女人啊!"但是,当他们低下头再看到她的一长一短的两条腿时,马上改了口气,大惊小怪地咂吧着嘴说道:"可惜是个瘸子。"

1574年7月17日,杰克驾着马车去出门办事的时候,在汉米尔大街上发现了被人围观嘲弄的格瑞斯,动了恻隐之心,于是带她回到自己家里。

杰克住在巴希亚小镇另一端的米卢尔城堡里,是弗洛里斯伯爵家里的

■1573年5月2日,大卫爱上了格瑞斯。
□1573年,倭人被明朝军队灭亡。

马车夫。杰克向弗洛里斯伯爵推荐了格瑞斯，收留她做园丁。

格瑞斯尽心尽责，把大卫以往教给她的经验，悉数灌注到米卢尔城堡的花园里，把这里也变成了花的海洋。

杰克对格瑞斯同情极了，照顾得无微不至。格瑞斯对杰克充满了感激之情，时不时地帮他洗衣服什么的，尽量回报他。可是，格瑞斯始终无法接受杰克，谁也不能代替大卫在她心里的地位。

其实，早在1574年7月8日，受了重伤的大卫就被一个渔夫从海里打捞起来。在渔夫的精心照料下，一个月后，大卫伤愈回到索摩亚城堡。

大卫回家后发现格瑞斯不见了，痛苦极了，转身又跑了出去，到处打听格瑞斯的下落。虽然大卫和格瑞斯居住在同一座小镇上，但是由于格瑞斯几乎没有出门，因此大卫怎么也找不到她。大卫思念成疾，加上体力还没完全恢复，一下子就病倒了。

在和格瑞斯分开了整整一年以后，大卫的病情越来越严重。黛安芬伯爵夫人为了儿子能够好起来，写信叫来格瑞斯的双胞胎妹妹露西亚，冒充格瑞斯。黛安芬伯爵夫人在信里谎称格瑞斯在大卫失踪期间，受不了独守空房的寂寞，跟人私奔了，大卫回家后，得知真相，气得病倒了。黛安芬伯爵夫人在信里假模假样地恳求格瑞斯的父母再送一个女儿给他们家做儿媳妇，称自己一定会加倍补偿给露西亚的。黛安芬伯爵夫人随信还附了200元钱给露西亚做盘缠。格瑞斯的娘家哪里会想到是黛安芬伯爵夫人会欺骗自己人呢？再说他们是老实巴交的农民，一接到信心里诚惶诚恐，马上就送露西亚过来了。大卫不知是计，以为格瑞斯失而复得，倍加珍惜。第二年，露西亚生了个大胖小子，黛安芬伯爵夫人乐得合不拢嘴。大卫的身体渐渐恢复了，但是总不能回到原来那样好的状态，有气无力的他始终没有发现露西亚走起路来非常平稳。

转眼又过去了一年。1575年3月14日，杰克发高烧，格瑞斯出去买药给他吃。格瑞斯来到药店里，正好碰到露西亚也在药店里买药，原来露西亚的孩子也发烧了，而且已经接连几天高烧不退。

■1574年初夏，大卫和格瑞斯结婚。
□1574年，山西及淮扬徐等处水旱成灾。

格瑞斯和露西亚两姐妹就这样在异地他乡相遇了。

格瑞斯一想到自己的丈夫和妹妹联合起来背叛自己,再想到自己一直以来所受的不公平待遇,心理的天平严重倾斜。

"我和露西亚长得一模一样,我的命运却这么坎坷……"格瑞斯把满腔的怨愤全部撒到了露西亚的头上,偷偷地用砒霜毒死了她的孩子。

格瑞斯从露西亚的房间里出来时,顺手拿走了大卫放在抽屉里自卫用的手枪,来到花园里。这个季节,玫瑰花还没开放,索摩亚城堡里一片萧索。一声枪响,格瑞斯倒在了血泊中,殷红的鲜血比玫瑰花还要艳丽夺目,一点点地从地表渗透下去。从那以后,索摩亚城堡里的玫瑰花再也没有开花。

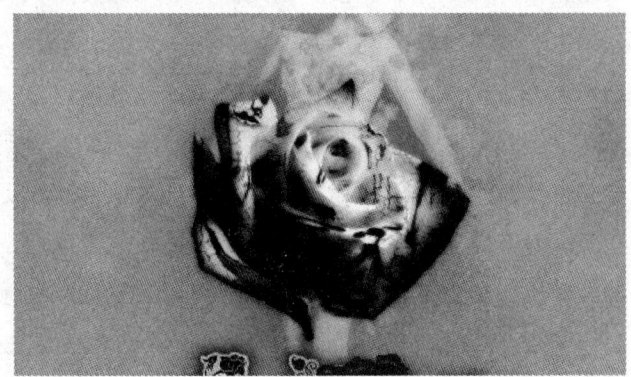

格瑞斯自杀　　　　　　　　　　　　　　　　7-3

说起来很奇怪,杰克那么爱护格瑞斯,在得知噩耗后,竟然没有掉一滴眼泪。杰克默默地来到海边,脱光了衣服跳进汹涌的海水里,恶狠狠地来回游着,一直游到筋疲力尽才爬上岸,从此不知所踪。

1575年12月12日,弗洛里斯伯爵出海捕鱼,傍晚时分尽兴而归,经过弗弗斯小岛的时候,看到杰克和格瑞斯站在崖石上对着他挥手致意。只是他们的模样已经改变了许多,和先前大有不同,披着黑色斗篷,两边嘴角露出来的牙齿又尖又长。弗洛里斯伯爵急忙掉转船头往弗弗斯小岛上开

■1575年3月14日,杰克发高烧。
□1575年2月8日,荷兰莱顿大学建校。

去，想要看个究竟，却见杰克和格瑞斯的身体迅速缩小，变成两只蝙蝠，飞走了。后来，一个传说在巴希亚小镇渐渐流传开来，说杰克自愿被吸血鬼初拥，然后用自己的血挽救了格瑞斯的生命，双双变成吸血鬼，最终结合为夫妻，过着逍遥自在的甜蜜生活。

杰克和格瑞斯的爱情故事感动了一代又一代的人们，至今在巴希亚小镇还立有他们的塑像，是由弗洛里斯伯爵出资建造的。

大卫消失了，黛安芬伯爵夫人老死以后，没有人继承的索摩亚城堡，最后沦为血族在波西尼亚地区的根据地。巴希亚小镇的居民们从来不去打扰他们，更没有和他们起冲突，这是迄今为止唯一一个人类历史上和吸血鬼和平共处的地方，同时也是一种友谊的象征。

人物小传

以爱的名义去伤害——黛安芬伯爵夫人

黛安芬伯爵夫人作为一个母亲，扼杀亲生儿子的爱情，逼死了儿媳妇，就本质分析，比吸血鬼更残忍，毫无人性可言。

黛安芬伯爵夫人生活在上流社会中，一直以来过着异常优越的高贵生活，这养成了她骄傲强悍的性格。

黛安芬伯爵夫人非常爱自己唯一的儿子大卫，爱到要承包他的一切，包括他的婚姻大事，甚至要左右他的思想。但是，大卫是个独立的个体，他有自己独立的人格和思想。同样骄傲强悍的大卫，怎么可能会顺从母亲对自己婚姻的安排呢？终身大事，大卫肯定要自己做一回主的。

然而，对黛安芬伯爵夫人来说，娶一个出身卑微而且身体残疾的儿媳妇，叫她脸上怎么挂得住？上流社会

■1576年1月13日，鲍勃和玛丽结婚。
□1576年1月23日，教皇格留哥利十三世宣布澳门为天主教主教区。

人士往往关心更多的是面子，而不是里子。黛安芬伯爵夫人不仅看不起儿媳妇格瑞斯，实际上，她根本对儿子大卫不是真爱。试问，如果黛安芬伯爵夫人真心爱自己的儿子大卫，怎么会那样对待大卫的爱人呢？更何况，格瑞斯跟黛安芬伯爵夫人还有亲缘关系。可见上流社会的人情比纸还薄，楚楚的衣冠下裹着的是一颗冷酷的心。

到后来，为了挽救大卫的生命，黛安芬伯爵夫人又骗了格瑞斯的妹妹露西亚过来冒充格瑞斯。到这里，黛安芬伯爵夫人极端的自私得到了淋漓尽致的发挥，在她眼里，所有人都是任由她摆布的棋子。

最后，黛安芬伯爵夫人落得家破人亡，一切后果由她自己承担。

泣血的玫瑰花心力枯竭，变成黑色　　　　　　7-4

 ## 被终结的终结者

瓦尔特城堡坐落在巴伐利亚地区，位于吸血鬼活动最猖獗的灰色地带。

偌大的瓦尔特城堡里，只住着两个人，雷克林豪森伯爵和他的管家鲍勃。

身为贵族，雷克林豪森伯爵乐善好施，热心公益事业，尽其所能为四方乡亲排忧解难。每个星期日做弥撒的时候，雷克林豪森伯爵都会派管家鲍勃去圣雷斯教堂里发放救济粮给坎特郡的乡亲们。

1575年12月12日这天，坎特郡的老百姓又纷纷涌到圣雷斯教堂里做弥撒，可是，一直到结束，鲍勃都没有出现。

鲍勃失踪了。雷克林豪森伯爵本来就深居简出，从那以后，关于他的传闻，被赋予了越来越多神秘的色彩，在坎特郡里传得玄之又玄。

善良的人们哪里料得到，尊贵的雷克林豪森伯爵其实是一个吸血鬼，专门在夜里出动，吮吸人类的鲜血来维持自己的生命。1525年4月13日，雷克林豪森伯爵满20周岁那一天，跑到山上打猎，庆贺生日。他不小心在树林里迷了路，一直走到天黑都没有找到出路，结果不幸被吸血鬼初拥了。

1575年12月11日晚上，雷克林豪森伯爵照常出门寻找猎物。他专门寻找处女下手，在吮吸她们鲜血的时候，零距离接近她们的身体，脑海里则想象着自己在和猎物相亲相爱。雷克林豪森伯爵太渴望能够像正常人那样结婚，娶妻生子，组建一个美满的家庭。

雷克林豪森伯爵悄悄地潜入特兰生庄园，来到玛丽小姐的窗外。玛丽小姐今年20岁，是坎特郡第一美人，虽然已经过了法定结婚年龄，却还没有出嫁，是一个地道的大龄处女。

"我在等我的爱情，等不到爱情，我决不结婚！"玛丽小姐这么对天发誓。

雷克林豪森伯爵没有像以往对待猎物那样，急着进入玛丽小姐的闺房。他静静地站在窗外，透过窗帘往里看。玛丽小姐已经睡下了，雪白的脸蛋上一层细软的绒毛，在月光的照耀下，散发出一圈迷人的光晕。雷克林豪森伯爵看到这里，紧紧地闭上眼睛，深深地吸了口气，仿佛要把从玛丽小姐微微张开的樱桃小嘴里呼出的气息，悉数收进自己的肚子里。在看到玛

丽小姐的第一眼起,雷克林豪森伯爵就深深地爱上了她,忘记了自己和玛丽小姐之间相差整整三十年的年龄,也忘记了自己早已不属于人类,认定玛丽小姐就是自己今生要找的另一半。最近以来的每个深夜,雷克林豪森伯爵都克制住对鲜血的渴望,专门跑过来看玛丽小姐,一解相思之苦。但是,他不敢靠她太近,怕伤害她。

雷克林豪森伯爵盯着玛丽小姐看的时候,不由地想起小时候曾经看到过的一幕。雷克林豪森伯爵的父亲带着一家人去树林里野炊,突然,一只不知名的小鸟,不知从哪里飞过来,纵身跳进篝火里。想到这里,雷克林豪森伯爵的心里仿佛被火烫到了似的,痛得全身的神经都猛地抽紧了。

正在这时,一根桃木尖针猛地刺入雷克林豪森伯爵胸口的心脏部位。

"是你?"雷克林豪森伯爵惊叫一声,软绵绵地倒了下去。

玛丽小姐出现在窗口,冷笑道:"这下我可以出嫁了!"

原来,早在一年前,玛丽小姐就掌握了雷克林豪森伯爵是吸血鬼的秘密,于是故意放出不结婚的口风,诱使他对自己产生兴趣。玛丽小姐还运用从吉卜赛人那里学到的巫术,在近距离的范围内,对雷克林豪森伯爵施行幻术,使他爱上自己,从而得以下手除掉这个处女的终结者。

雷克林豪森伯爵死了,鲍勃冒名顶替了他的爵位,并且霸占了瓦尔特城堡。反正坎特郡里没有一个人见过雷克林豪森伯爵的庐山真面目。接着,鲍勃向外散布自己失踪的消息。

1576年1月13日,在瓦尔特城堡,鲍勃以雷克林豪森伯爵的名义迎娶了玛丽小姐。鲍勃在圣雷斯教堂发放救济粮的时候,每次都会遇到玛丽小姐。鲍勃和玛丽小姐一见钟情,可是,彼此悬殊的身份注定他们今生无缘结为夫妻。鲍勃为此苦恼极了,他不甘心这辈子只能和玛丽小姐偷偷摸摸地来往,再说玛丽小姐的父母随时都可能把她嫁掉。在又一次和玛丽小姐在野外苟合的时候,鲍勃终于想出了一个自认为绝妙的计策。

"知道雷克林豪森伯爵为什么白天从来不出现在人前吗?"鲍勃和玛丽小姐耳鬓厮磨的时候,伏在她耳边说了这么一句。刚一说出口,鲍勃自己也愣住了，急忙闭上嘴巴。

可是，玛丽小姐的好奇心被勾起来了，一再地逼问："为什么？这是为什么？"

鲍勃禁不住玛丽的纠缠，说出了雷克林豪森伯爵是个吸血鬼的秘密。

"那他怎么没有吸你的血？"玛丽小姐听了，吓得花容失色，可她毕竟是大户人家出身的，见过一定的世面，很快就稳定住了情绪。

"你以为他对我大发善心？"鲍勃听了，嗤之以鼻，不屑地反驳道："他想装得更像一点，利用我做幌子，蒙蔽坎特郡所有人的眼睛，封住坎特郡所有人的嘴巴！"

其实，鲍勃进入瓦尔特城堡做管家的头一天晚上，就发现了雷克林豪森伯爵异常的举止，通过长期的密切观察，特别是当夜幕降临后，雷克林豪森伯爵的两只眼睛变得通红，仿佛风一吹就会滴下血来。鲍勃的眼珠子滴溜溜一转，马上就一眼看穿了雷克林豪森伯爵请自己来瓦尔特城堡做管家的真实目的，不过为了掩人耳目罢了。鲍勃这才相信一直以来整个欧洲关于吸血鬼的说法，吸血鬼绝大多数来自上流社会，利用贵族的身份作掩护，背地里专门吸食人血。

鲍勃是一个非常有心计的阴险的小人，他由此打起了瓦尔特城堡的主意，当即决定继续潜伏在雷克林豪森伯爵的身边，直到找到机会干掉他，从而吞掉他的财产。和玛丽小姐的相遇相识相爱，完全出乎鲍勃的意料，但是，很快地，精明的鲍勃就把玛丽小姐纳入自己的行动计划中，决定借刀杀人。

"宝贝，你真的是上帝派来协助我的好帮手啊！"1575年12月5日，在最后一次幽会中，鲍勃搂住玛丽小姐疯狂地吻着。

鲍勃的生母是吉卜赛人，是他手把手地教会玛丽如何运用巫术。这只是杀人计划中的一个步骤。

起先，玛丽小姐感到很害怕，不敢配合鲍勃，而且还劝鲍勃不要付诸行动，免得受到雷克林豪森伯爵的反击，遭遇不测。"宝贝，咱们还是远走

高飞吧,远远地离开这里。"玛丽小姐感到一条蛇爬上自己的后背,全身发冷,哆哆嗦嗦地回吻鲍勃,想要制止他的疯狂的想法。

"别怕,宝贝!咱们这是在为更多的人做好事呢!干掉雷克林豪森伯爵,为整个坎特郡除害!"鲍勃就这样不断地重复这句话,鼓励玛丽小姐,并且一遍又一遍地向她描绘自己两个人结婚后的幸福生活,引诱她协助自己实现计划。

果然不出所料,一切进展得非常顺利。鲍勃长长地吐出一口气,庆贺自己终于熬出头了,做了人上人。

洞房里,鲍勃搂住自己的夫人玛丽,比以往任何一次幽会都要来得更加疯狂。忽然,玛丽感到眼前骤然发亮,回过头去一看,一只胸口滴着血的不知名的小鸟两只爪子抓在床帐上,瞪着眼睛盯着他们看。小鸟的羽毛上燃烧着一团火焰,火焰越来越旺。

鲍勃不知道,雷克林豪森伯爵来自血族卡帕多西亚族(Cappadocians)。卡帕多西亚族以"死亡之族"著称,极其阴森的神秘特质令全血族畏惧。雷克林豪森伯爵在临死前就已初拥了一群死灵法师,所以他死后也成为了死灵法师,利用巫术随时把自己的身体变化成其他动物。

历史走到这一步,人类和吸血鬼到底谁更坏,掰手腕的结果打了个平手。

人物小传

道高一尺,魔高一丈——雷克林豪森伯爵

雷克林豪森伯爵来自血族卡帕多西亚族(Cappadocians)。

在血族的千年历史中,卡帕多西亚族一直以"死亡之族"著称。事实上,其他血族也经常因卡帕多西亚的阴森性格而避免与其接触。尽管卡帕多西亚族的神秘特

鲍勃和雷克林豪森伯爵　　　　　7-5

质令人畏惧，但同时也为他们赢得了不少尊敬。在吸血鬼的社会里，卡帕多西亚族通常充当着顾问或亲王的角色。他们的洞察力与智慧广受推崇，对世俗权力缺乏兴趣则使他们获得信任。最近，卡帕多西亚族初拥了一群死灵法师，以作为研究之用。

不可否认，雷克林豪森伯爵拥有超人的聪明才智。身为贵族，雷克林豪森伯爵平时做事谨小慎微，处心积虑，唯恐不小心露出蛛丝马迹，暴露自己吸血鬼的身份。他每做一件事，都有着非常明确的目的。他做慈善活动是为了更好地蒙蔽大家的眼睛，混淆大家的判断力，从而使自己可以随心所欲寻找处女猎物。

同时，雷克林豪森伯爵在对鲍勃的反侦察行动中，充分发挥了他透视一切的洞察力。雷克林豪森伯爵在得知鲍勃的真正意图后，没有立即对鲍勃下手，因为他知道无论换谁和他同一个屋檐下一起生活，都会发现他是吸血鬼的秘密，于是他采取了隐忍，体现了性格中阴森的一面。然后，他马上初拥了一群死灵法师，为自己今后万一发生不测安排好退路。死后可以成为死灵法师的话，那么死了等于没死，任凭鲍勃再厉害，又能拿他怎么办？

雷克林豪森伯爵步步为营,在贵族和吸血鬼两界之间来回往返,游刃有余。但是,他没有护住他的弱门,爱情。

历史事件特写:雷克林豪森伯爵做慈善

身为贵族,雷克林豪森伯爵乐善好施,热心公益事业,尽其所能为四方乡亲排忧解难。每个星期日做弥撒的时候,雷克林豪森伯爵都会派管家鲍勃去圣雷斯教堂里发放救济粮给坎特郡的乡亲们,雷打不动,风雨无阻。

尽管雷克林豪森伯爵的慈善活动是由鲍勃来代替完成的,但是,在坎特郡的乡亲们的心目中,雷克林豪森伯爵才是真正的大善人,而且永远一副低调内敛的谦谦君子的形象。雷克林豪森伯爵的形象在一次又一次的各种慈善活动中得到升华,被推崇至无上的地位。雷克林豪森伯爵就是这样一步步为自己吸食人血的恶行做好掩饰的前期工作,就像我们动手术的时候,需要先麻痹神经,然后乖乖地变成砧板上的一块肉。

生活在中世纪的欧洲劳动人民,很少有接受教育的机会,沦为彻头彻尾的劳动器械。试问,工具怎么可能具备思考的大脑?善良的人们想不到,正是自己的辛勤劳动才换来粮食的丰收。然而,他们没有进一步思考,为什么吃不到自己种的粮食?正是由于人们的愚昧无知,才提供给贵族剥削血汗的温床。贵族和平民的不平等,归根结底在于你骨子里是不是奴才。

一些贵族的慈善行为,本质并不慈善,只不过是一场秀而已。在秀给别人看的同时,也秀给他们自己看,也许他们会陶醉在自己的表演中,甚至被自己感动。

酷睿点评

吸血鬼雷伏诺向往能够像人类一样拥有美好的爱情,希望和心爱的人一起感受生活中的点滴，但是，他不懂得，强扭的瓜不甜。

格瑞斯和杰克变成吸血鬼，很有点梁祝化蝶的味道。他们之间的爱情也许不是很激动人心，但是平凡中见真情。

雷克林豪森伯爵每走一步都要瞻前顾后，任何细节他都考虑到了，只是爱情令他猝不及防，也许爱情这个领域对他来说太陌生了。

三个吸血鬼分别掀起神秘的面纱，向我们展示他们真实的一面。爱到深处，连吸血鬼都开始迷失了本性。

吸血鬼中的异类

她对着他凄然一笑,纵身跃下万丈深渊。

他又痛又悔,承受剧痛,毅然戒掉了吸食人血的恶习,改吸其他动物的血。他的后代成了吸血鬼中的异类。

不一样的吸血鬼,将怎么在吸血鬼族群中生存下去?

 ## 天使禁猎区

1577年4月5日深夜，苍穹如墨，环盖大地。

夜空下，突兀嶙峋的克塞罗悬崖下面是一望无底的万丈深渊，犹如一头面目狰狞的怪兽静静地蹲在那里，张着无边的大嘴巴，给人一股极为强烈的压抑和恐惧之感，匆匆瞥上一眼就叫人魂飞魄散。

凛冽的寒风中，一个年轻的女子颤巍巍地站在悬崖上，白衣胜雪，猛一看，恍若仙女下凡尘，那么柔弱无助。寒风越来越猛烈，不将人的衣衫撕成碎片不肯罢休。竖起耳朵仔细辨认，不绝于耳的风声中，间或还夹杂着低低的饮泣声。是白衣女子在哭泣吗？她怎么了，受了什么委屈，或者碰到什么为难的事？哭声一阵阵摧垮人的意识，让人忍不住想要上去拥抱白衣女子，把她揽进怀里，温情款款地安抚一番。

不一会儿，一个身材高大的黑衣男子恍若神兵降世，伸出手去欲拉白衣女子下来。"不要冲动！"黑衣男子气度不凡，可能由于惧怕女孩会跳下悬崖，他的脸色冷峻到了极点，叫人看了不寒而栗，而且这股寒意在体内一路往下，直抵脚底板。

白衣女子听了，不由得缩了缩柔弱的肩膀，哭得更厉害了。

远远地望着这一幅画面，可能你会以为这是一对情侣在闹别扭。

白衣女子一直退到克塞罗悬崖的最顶端。泪水连珠传似地直线下坠，掉进无底深渊里，摔得粉碎。

黑衣男子一步步小心翼翼地挨上去。就在黑衣男子的指尖即将碰到白衣女子裙摆的一刹那，白衣女子纵身一跃，跳下万丈深渊。

黑衣男子一个大跨步，站在了克塞罗悬崖的最顶端，呆呆地往下望。

■1577年4月5日，桑德拉跳崖自杀。
□1577年，大替星接近地球。

白衣女子以一种令人惊艳的姿态，直体旋转，一路向下，越来越轻，像雪花一样，在空中飞呀飞呀，尽情地舞蹈，释放毕生中所有的快乐和不快乐。黑暗敞开无边无际的怀抱，紧紧拥抱着白衣女子，直到他们融为一体。

　　脚下巨大的黑洞令黑衣男子兴奋，忽然，他仰头纵声大笑，疯狂地叫道："跳吧！跳吧！跳下来就可以拥有无限的辉煌了，跳吧！"

　　叫声在山谷间回荡。话音未落，黑衣男子也跳了下去。只是他不会死去，看着更像是在练蹦极玩耍。

　　这天晚上，桑德拉在走亲戚的路上，碰到了吸血鬼彼得。桑德拉不肯就范，逃到克塞罗悬崖上跳崖自尽。

　　风声呼啸，转瞬就烟消云散，可是，能否从此万念俱消呢？克塞罗悬崖巍然不动，也不回答。

　　从那以后，彼得的眼前一再晃动着桑德拉的笑脸。跳崖前，桑德拉回过头去，对彼得凄然一笑，笑得那么美，那么无助，又无可奈何。彼得虽然从深渊里爬了出来，但是，他的心却永远留在了谷底，碎成一瓣瓣，随风飘散。她是谁？从哪里来，到哪里去？她家里人知道她死了，会怎样难过？问题一连串地从彼得的脑子里钻出来，蛇一样缠绕住他，令他窒息。

　　冷酷无情的吸血鬼竟然也会产生恻隐之心！彼得为自己的所作所为痛心疾首，可是他不知该怎么忏悔。时间，在桑德拉跳崖的那一刻，永恒地凝固住了。

　　"我的生命就是一个无底的深渊，下面漆黑一片。我是我自己的凶手！"彼得撒开腿，赤着脚，在地上狂奔。脚印经过的地面上，开出一朵朵血花，每一朵血花上印着一张笑脸，桑德拉跳崖前最后一笑。

　　彼得把桑德拉逼下悬崖后，又痛又悔，背上了负罪的心理。一个曾经杀害过无数生命的吸血鬼，竟然从此被厚厚的道德的茧层层包裹住，并且自觉地把自己的言行举止纳入人类的道德规范中。

　　彼得在茧里一点点地成长，终于有一天破茧而出，获得了美丽的新生。

　　1578年6月25日晚上，在圣约翰城堡里，血族中的瑞默尔族

▪1578年6月25日，瑞默尔家族在圣约翰城堡里进行奇术修炼。
▪1578年，李时珍撰成《本草纲目》。

（Tremere）正在进行一个月一次的奇术修炼。瑞默尔家族拥有绵密的政治组织，是血之魔法的创造者与使用者，他们原先通过炼金术和魔法得到吸血的能力，最近，他们又掌握了一种新形式的魔法。瑞默尔族的成员们各自把自己今晚出去找到的人，轮流放在祭坛上，用本族形状酷似雪花的法器"印花贴"逐一贴在人的身上。贴上一朵"印花贴"，就会在人体上刻下一个烙印，然后从皮肤里慢慢地渗出鲜血，直到最后，人体内的鲜血全部流光为止。

终于轮到彼得了，可是他却两手空空，交不出人。

"彼得，该你了，还不快点上去？"主持者站在祭坛上等得不耐烦了，指名道姓要彼得上去。

彼得依旧站在原地没有动，半晌，才支支吾吾地回答道："我今晚没有出去寻找猎物。"

大家听了，面面相觑，想不明白彼得为什么要这么做？

彼得说罢，转身大踏步走出了圣约翰城堡。

彼得来到克塞罗悬崖上，嘴里念叨着桑德拉的名字，大叫一声："我来陪你了！"然后纵身跳下去。彼得对桑德拉的感情，和爱情无关。是因为桑德拉的死，唤醒了彼得内心深处一丝尚存的人性。

第二天晚上，彼得忍住欲望，按捺住性子，没有出谷去寻找猎物。好容易挨到第三天，彼得就饿得不行了，尤其是体内对鲜血的渴盼，似乎有千万只蚂蚁在啃啮着他的五脏六腑，一阵阵钻心的痛。

彼得奄奄一息躺倒在谷底。深夜，树上豆大的露珠滴下来，砸在彼得的脸上，把他给惊醒了。不知道从什么时候开始，深渊有了底，彼得感觉自己似乎在这里已经躺了很久。尽管他不喜欢躺在那里，感觉是那么的黑暗又潮湿。彼得冰冷的身体显得更加寒冷，虽然他已感觉不到寒冷。

彼得一觉醒来后，发觉有什么东西在身上爬动，发出悉悉索索的响声。彼得低头一看，原来是一只老鼠爬到他身上，一路嗅过去，一直嗅到他的鼻子底下，想要找一个适合下嘴的地方。彼得饿极了，不顾一切地一把抓

■1579年1月5日，杰奎拉攀登科隆跶山。
□1579年，古俄罗斯攻占西伯利亚汗国。

住老鼠就往嘴里塞。老鼠的尾巴挂在彼得的嘴角，拼命拍打，却无法改变从此沦为彼得盘中餐的命运。

从此，彼得就在谷底栖身，过着餐风露宿的生活。彼得金盆洗手，毅然戒掉了吸食人血的恶习，改吸老鼠的血。

由于彼得突然改变了吸食人血的习性，身体无法一下子适应，每到月末最后一天，他就会痛得满地打滚，仿佛身上的骨头被活生生从身体里剥离一样。这就是彼得为了换血付出的代价，每次他承受这种痛苦的折磨时，都要痛得死去活来，可是，痛过之后，他感觉自己又重新获得了新生。生命就在一次又一次的折磨中，得到了升华和净化，彼得对此无怨无悔。

人物小传
月亮的脸悄悄地在改变——彼得

彼得来自血族瑞默尔族（Tremere）。瑞默尔族是已知的氏族中历史最短的一支，它是在黑暗时代早期成立的。

瑞默尔族原本是一群人类法师，他们狂热地希望获得无穷的生命，以让自己的施法技巧臻于完美。这群人的努力成果丰硕，竟然通过炼金术，在付出一位古老血族与其后代的生命之后，终于得到了永生——至少他们是这么想的。事实上，他们变成了吸血鬼。瑞默尔族总是笼罩着一层神秘的面纱。血之魔法的创造与使用者、行事诡秘的瑞默尔族拥有绵密的政治组织，以力量取得作为基础。某些血族认为瑞默尔族根本不是吸血鬼，而是一群在永生研究中，祈祷自己不死的人类魔法师。

瑞默尔族通过学习和奉献，掌握了一种新形式的魔法，这种魔法是借助血的力量完成的。由于他们成为吸血鬼的方法，他们成为了其他吸血鬼氏族的敌人。不过，

■1580年7月3日，杰奎拉生下了她和彼得的第一个孩子。
□1580年，意大利的耶稣会传教士和学者利玛窦获准进入中国。

由于瑞默尔成员在抵挡人类挑起的"超自然生物歼灭战争"（Inquisition）中所作的贡献，以及他们严守潜藏戒律，终于在密党中有了一席之地。在密党中，瑞默尔族用他们的魔力证明了自己是强大的盟友，当然，也可能是危险的敌人。

彼得在把猎物桑德拉逼得跳崖以后，醒悟到自己的所作所为带给人类太重的伤害，自动离开自己的氏族，放弃魔法的功力，忍着剧痛，毅然戒掉吸食人血的恶习，改为吃老鼠和野果维生，成了血族中的异类。

桑德拉自杀后可不可以升入天堂？　8-1

 ## 流在血管里的遗嘱

1579年1月5日，大雪过后，空气清澈，鸟绝人灭。史上第一位攀登克塞罗悬崖所在的科隆跶山的女运动员杰奎拉，意气奋发，斗志昂扬。可是，在攀登到半山腰的时候，天气突然变坏了。听着惊天动地的风雪声，杰奎拉感到无比恐惧和孤独。但是，好胜心强的杰奎拉轻易不肯下战场，

■1581年，杰奎拉和彼得的第二个孩子出生。
□1581年，欧洲北部七省成立荷兰共和国。

继续情绪高昂地往上爬。

"我非要一直上到顶峰不可！"杰奎拉高声为自己呐喊助威。

就在快要到达顶峰的时候，杰奎拉脚下踩了个空，不小心掉下万丈深渊。

不知过了多久，杰奎拉才醒过来，迷迷糊糊地睁开眼睛，发现自己的身上盖着黑色的斗篷，猛然发现跟前像冰雕一样僵直地站立着一个男人，黑着脸，正紧紧地盯着她。

刚刚逃过一场大劫难的杰奎拉，惊魂未定，脱口尖叫道："你是谁？"

杰奎拉吓坏了，深怕眼前这个男人会对自己图谋不轨，一边叫，一边缩着两条腿往后退。等到杰奎拉的背部贴在崖壁上不能再继续后退，她才稍微定下神来仔细打量他，发现他长得异常俊美，心里有一根弦悄然弹拨了一下，发出轻微清脆的响声，在心房里悠悠地回荡。

行动之间，杰奎拉的动作幅度大了点，痛得她龇牙咧嘴，低头一看，左小腿伤口处包扎着一条白布，上面渗出殷红的鲜血来。彼得见状，顾不上杰奎拉的态度，赶过去要重新给她包扎伤口，被杰奎拉制止了。

"唉，那你自己来吧！"彼得说着，又从白衬衫的下摆撕下一条来，扔给杰奎拉。

杰奎拉的警惕性非常高，处处回避彼得，潜意识里抗拒他走进自己的心里。杰奎拉把黑斗篷从身上扯下来，摔回到彼得身上。彼得摘野果给她吃，她不由分说一巴掌就给打掉了。彼得丝毫也不动怒，耸了耸肩膀，转身离开了。杰奎拉望着彼得离去的背影，心里没来由地隐隐痛了起来，杰奎拉很想开口挽留彼得，但是迟疑间，始终没有说出口。正在这个时候，彼得走出去五步开外的距离，突然折回身，大步流星地冲过来，俯下身猛地抱起杰奎拉。杰奎拉吓坏了，一双拳头雨点似地落在彼得的胸前，踢着腿拼命挣扎，嘴里使劲地骂着"流氓"。彼得全然不为所动，抱起杰奎拉就往前面不远处的一个山洞里钻。进到山洞里面以后，彼得找了一块平坦又干燥的地面，把黑斗篷摊在地上，把杰奎拉放在上面，这才转身走了出

■1582年，杰奎拉和彼得的第三个孩子出世。
□1582年6月10日，葡萄牙宣布独立。

去。杰奎拉躺在地上大口大口喘着气,眼睁睁地看着彼得再一次走出自己的视线范围,心里百味陈杂,极度的恐惧中夹着一丝甜蜜,还有些许兴奋。不料,杰奎拉的呼吸才刚刚平复下来,彼得又进来了。杰奎拉松弛的神经又一次拉紧。彼得默默地把野果放在杰奎拉的脚旁边,看都没有再看她一眼,就走出了山洞。

令杰奎拉困惑的是,每当天黑下来以后,彼得就会消失不见。但是,在天将黑下来还没有全黑的时候,彼得会及时出现,悄然无声地把野果放在黑斗篷上,然后转身离去。望着彼得孤单的背部,杰奎拉突然哽咽地流下泪来。

时间一天天过去,彼得无微不至地照顾着杰奎拉,令杰奎拉对他充满感激之情。

1579年1月31日,天渐渐地黑了,彼得还是没有出现。杰奎拉转动着眼珠子,搜索彼得的影子,竖着耳朵捕捉动静,可是彼得始终不见踪影,杰奎拉的心里空落落的。"吱"的一声响起,一只小老鼠从杰奎拉的后背处窜出来,杰奎拉还以为彼得在跟自己开玩笑,心头霎时狂喜到了极点,再定睛一看,原来是只老鼠,心里冷了半截。黑斗篷上的野果还有一些,杰奎拉的肚子也不是很饿,但是,这一刻,杰奎拉极其渴盼彼得能够来到自己的身边。她对自己说,如果这个时候彼得出现了,一定要对他笑一笑。但是,彼得没有出现。

杰奎拉不知道,这一天是这个月的最后一天,彼得正在隔壁另外一个山洞里承受换血之痛。彼得起先不想让杰奎拉听到自己痛苦的喊叫声,脱下白衬衫,揉成一团,塞进嘴里。可是,剧痛演变成一把把锥子狠狠地扎在彼得的身体上,看不见血,却比看见血还要更痛苦。彼得倒在地上滚来滚去,动作太大了,地震一样,两只脚踢得洞壁上的石块纷纷掉落下来,重重地砸在地上,摔得粉碎。杰奎拉听到响声不断地传过来,于是欠起身慢慢地爬过去看个究竟。

看到彼得浑身摔得青一块紫一块,脸被石块磨蹭得皮肤都破了,鲜血

■1583年,杰奎拉和彼得的第四个孩子出生。
□1583年,日本大阪城建城。

一条条地挂下来，混杂着泥土，风干了后黏在脸上，分不清五官。杰奎拉心痛极了，紧紧地抱住彼得，把他搂进怀里一遍遍地抚摸着，安慰着。等彼得渐渐地平息下来后，杰奎拉顾不上自己正在养伤，爬到外面，找到溪水，提来给彼得洗脸擦身子。

"你脸上怎么了？"等到彼得的脸洗干净后，杰奎拉一看，真正吓坏了。

原来，到了晚上，彼得露出了吸血鬼的本来面目，一双眼睛变得通红，两边嘴角长出又尖又长的牙齿。杰奎拉使劲按住胸口，不让自己的一颗心跳出胸口，脑子里却在飞快地旋转着，渐渐地，她似乎有点明白了。

彼得早就担心自己会吓到杰奎拉，一到晚上就躲在山洞里。

在彼得的精心照料下，杰奎拉的伤口终于痊愈了。1579年4月3日，杰奎拉顺着彼得用荆棘和杂草揉搓成的绳子，附在崖壁上一步步往上爬，准备要离开谷底，回到人类社会中。

就在杰奎拉快要爬到崖口的时候，突然，绳子断了，整个人掉了下来。

"对不起，都怪我没把绳子搓得更密实一些。"彼得急忙抱起杰奎拉，帮她拍打身上的尘土。

杰奎拉顺势扑进彼得的怀里，哭着说："我不走了，我想这就是上帝的意图吧，上帝让我来到这里遇见你，又让我继续留下来陪你！"

杰奎拉一边说，一边想起自己从此要远离亲人们，哭个不停。天黑了，越来越冷，彼得把杰奎拉搂在怀里，虽然他知道自己没有足够的体温可以温暖杰奎拉，但是他会用他全部的爱去温暖她的生命。杰奎拉哭得更凶了，不停地哆嗦，似乎要把自己一生中全部的眼泪都在这一次倾倒完毕。

1580年7月3日，杰奎拉生下了她和彼得的爱情结晶。

为了给杰奎拉补身体，使她有充足的奶水喂孩子，彼得毅然折断自己的一条小腿，割下腿肉给她吃。杰奎拉号啕大哭。

春去秋来，时光荏苒，彼得和杰奎拉在谷底安家落户，开枝散叶。从1581年到1591年，十年期间，杰奎拉每年生一个孩子。

■1591年，杰奎拉和彼得的第十个孩子出生。
□1591年，法国耶稣会亚历山大·罗德神父出世，他也是一位有相当造诣的语言学家。

由于吃了彼得腿上的肉，杰奎拉也变成了吸血鬼，不过，他们夫妻俩只吃老鼠和野果维生，这个习性深入他们的骨髓，并且世代遗传，其家族成了血族中的异类。至此，血族和人类之间的界限开始模糊，前者逐步在向后者倾斜，不能不说是人类社会对血族之间的斗争取得了一定的成效。

彼得救起掉下悬崖的杰奎拉　　　　8—2

人物小传
命中注定我爱你——杰奎拉

杰奎拉好胜心强，不达目的绝不罢休。

因了这份好胜心，杰奎拉下定决心要征服科隆跶山，并且在天气变化的情况下，明知不可为而为之，强行登山，最后掉下万丈深渊。

对彼得来说，杰奎拉就是那从天上掉下来的林妹妹。不知道刚开始的时候，彼得就对杰奎拉照顾得无微不至，周到体贴，是不是有爱情的成分在里面。但是，我敢肯定的是，杰奎拉对彼得一见钟情。不过，由于少女的害羞和戒备心理作祟，杰奎拉的每一个动作都在违心地把彼得往外推。作用力和反作用力是成正比的，杰奎拉越

■1620年12月21日，巴赫离开谷底，来到特拉西城堡里。
□1620年9月23日，英国的船只"五月花号"前往北美。

是违心地把彼得往外推,她的心就越是想要彼得留在自己的身边,推的次数多了,心里的渴望也就更加强烈。也许爱情中的少女口是心非的多。

杰奎拉用厚厚的装甲武装自己的心,一层又一层。当她看到彼得为换血承受切肤之痛时,她感同身受。终于,杰奎拉对彼得的一见钟情加上感激、同情和心疼,一下子所有的情绪全都爆发出来了,激烈的程度不亚于火山爆发时汹涌而出的熔浆。

克塞罗悬崖的谷底是一个特定的环境,可以制造出一段爱情,并且繁衍出无数的生命。就像赵敏和张无忌流浪到了冰火岛一样,孤男寡女是彼此唯一的选择。不是说他们之间爱得不深,如果试着把这段感情放到人类或血族社会的大背景中,不知寿命有多长?

美丽的杰奎拉　　　　　　　8-3

 ## 铲除异己

巴赫是彼得的孙子,他从小就非常渴望走出谷底,去看一眼外面的

■1621年3月2日晚上,特拉西城堡召开夜宴。
□1621年7月8日,法国作家拉封丹出生。

世界。

1620年12月21日晚上，巴赫站在谷底遥望夜空。夜空里没有一颗星星，巴赫正感到诧异的时候，突然，冲出来一颗小小的流星，飞速滑过夜空，长长的尾巴就仿佛是一段生命在燃烧。

"流星为什么要燃烧自己的生命？"巴赫心里产生了一个疑问，由此深深地思索着：命运给了我两个选择，一个是恒星，一个是流星。我决不会选择做流星，不会为了短暂而又不恒久的美付出巨大的代价。要做就要做得最好，而且要做到持久恒远。

克塞罗悬崖默默无言地耸立着，巴赫先就被自己的想法吓了一跳，不由得笑弯了腰。

正在这时，"吱"的一声叫，引起巴赫的注意。巴赫循着声音望过去，只见一只小老鼠在崖壁上爬，一点点接近出口。看到这里，巴赫心痒难禁，把长辈们的嘱咐抛到脑后，斗篷猛地一收，"嗖"一下就窜了上去。

巴赫站在克塞罗悬崖最顶端往谷底下投过去最后一瞥，心里默默地说了一声"再见"，转身大步流星离开了科隆趴山。

巴赫来到城市最繁华地带。浓重的墨色层层叠叠地包裹着整个城市，街市转角间偶有的喧闹仿佛骤然响起的咏叹调，游走在温存缱绻的小夜曲之间，时断时续，忽高忽低。

忽然，一阵喧嚣声隐隐地追上来，跟在巴赫后面叫："吸血鬼来了，大家快打吸血鬼，干掉他！"

巴赫自己全然没有反应过来，完全忘了自己在晚上长出吸血鬼的特征。巴赫一边抬头遥望夜空，一边怡然自得地往前走，心里感叹日月星辰在夜空中各就各位，而自己的位置不知道在世间如何被安排。巴赫认为，要想处于最佳位置，主观素质和客观机遇，二者缺一不可。巴赫在潜意识里向人类靠拢的时候，人类的出现打破了他的幻想。也许人类打击吸血鬼并不是想要改变他们，而是要从根本上消灭他们。

后面追赶的人越来越接近巴赫，眼看巴赫就要无法脱身，突然，一袭黑色斗篷从天而降,搭住巴赫的一支胳膊,把他带走了。

救出巴赫的吸血鬼名叫欧文。欧文带着巴赫回到了他居住的地方——特兰西城堡。特兰西城堡位于郭尔德山上,一共由五个子城堡组成,每个子城堡拥有自己的给水系统,可以在长期围困的状况下坚守住阵地。郭尔德山周围则是一望无垠的平原。

特兰西城堡　　　　　　　　　　　　　　　　　　　　　8-4

特兰西城堡是东欧血族社会的主要组成部分,里面住着密党同盟的主要派系。巴赫兴奋极了,这下真是"踏破铁鞋无觅处,得来全不费工夫",可算找到组织了。欧文在特兰西城堡总负责人比尔的指示下,领着巴赫到处转悠,把他介绍给各个派系的负责人。巴赫也不认生,很快就和所有的成员打成一片,有说有笑,相处融洽。

第二天天快亮的时候,由于前一天晚上没有进食,巴赫感到饥饿难耐,跑出房间去找食物,可是在特兰西城堡里兜了几个来回,连老鼠的尾巴都见不到,更别说野果。时间一点点流逝,太阳升起来了,阳光钻进巴赫的

眼睛里，钻心地痛。

"快进来！"欧文站在窗户内侧叫道："大白天你跑出去溜达什么？"

巴赫急忙跑进去，说："我在找野果和老鼠。"

"什么？你在说什么？"欧文一时转不过弯来，疑惑地问道："你找野果和老鼠做什么？"

巴赫不假思索地答道："我们家平时都吃这些当食物的，你们难道不吃吗？"

欧文木桩似地呆在那里，他怎么也想不明白，尊贵如他们怎么可以吃老鼠？野果没有鲜血的成分，怎么可能满足吸血鬼身体的需求呢？巴赫一家人到底是怎么样的怪物，可以让生命维系到现在？

比尔却不这么认为，他考虑得更深入，他想到巴赫一家在长期远离血族社会的生活中，为了适应特定的环境，从而改变了吸血鬼吸血的习性。比尔决定要挽救巴赫，他让欧文执行改变巴赫一切与众不同的恶习的任务，使得他真正回到血族群体中。

这天晚上，欧文带巴赫出去觅食，贴着街上的墙脚小心翼翼地一路找过去。前面有一条阴沟，一只小老鼠扭着尾巴正要往里面钻，巴赫出其不意地掠身过去，一把抓住老鼠就要往嘴里塞。"啪"的一声，欧文一巴掌扇过去，老鼠从巴赫的嘴边掉到了地上。老鼠吓得魂没了一半，"吱溜"一下就钻进阴沟洞里不见了。

巴赫饿了一天两夜了，好容易到手的肥肉却给搅没了，顿时又急又恼，揪住欧文的衣领破口大骂："你这是在干什么？你想要我活活饿死呀？"

在欧文的眼里，巴赫简直就是一个没见过世面的乡巴佬，那么的滑稽。欧文哈哈大笑，指着巴赫的鼻子说："小子，你没尝过真正的美味吧！我现在就带你开荤去！"

"什么美味？"巴赫懵懵懂懂地反问道，他想破了脑袋，也想不出欧文所指的美味到底是什么东西。

这时，旁边一户人家的房间灯亮了起来，只听房间里面传出尖锐的责骂声："该死的老鼠，又来偷东西吃，赶也赶不走，这穷日子没法过了！"

巴赫听到"老鼠"两个字，顿时血脉喷张。欧文打量了他一眼，心里暗暗冷笑，不屑地说道："走，咱们进去看看！"

两个闪身进了房间里，巴赫低着头用眼角的余光搜索老鼠的方向。与此同时，欧文欺身上去，"咔嚓"一下拧断了房主人的脖子。巴赫的目光从地面往上移，停在断脖子上不会动了。

"这个给你！我再另外出去找。"欧文说着，把房主人往巴赫怀里推去。

"什么？这就是今晚的晚餐？"巴赫的脑子一片空白，完全不会转动了，直盯盯地瞪着那个脖子上不断涌出的鲜血，想起了老家谷底那奔流不息的溪水。

巴赫断然拒绝了欧文的美意，疯也似地跑出了房间，一直跑到阴沟边上，大吐特吐了起来。

"不识好歹！"欧文躲在暗角处冷冷地看着，心里惋惜那么多鲜血白白浪费了。

这天晚上，巴赫离开欧文，独自去找老鼠充饥。这样维系了一段时间。可是比尔和欧文不肯就这样放过巴赫。第一次行动失败，比尔不死心，让欧文继续带巴赫出去觅食。

1621年3月2日晚上，这次比尔不打算再让欧文带巴赫一起出去觅食，免得巴赫不配合，导致欧文受牵累，万一被人类发现破绽就不好了。比尔决定在特兰西城堡里召开晚宴，食物就是人类。

晚宴开始了，吸血鬼们一个个当着巴赫的面，实战演习如何吮吸人类的鲜血，等于手把手地教他。巴赫忍无可忍，跑上台去，指着比尔的鼻子破口大骂："你这个恶魔！都是你把我们的同胞带坏了！"

"放肆！"欧文急于向比尔表示自己的忠诚，胳膊一横，挡在了比尔的前面："你不吸食人类的鲜血，改吃野果和老鼠，这本来就违背了我们的族规！现在你胆敢冒犯比尔，目无尊长，罪加一等！"

欧文的话等于振臂高呼，号召大家一起和巴赫对立。下面的吸血鬼们早就看巴赫不顺眼了，呼啦一下涌上去，不管三七二十一，对着巴赫就开打。比尔更是恼羞成怒，扬言要把巴赫从族谱里开除出去。巴赫被打得倒在地上，双手抱头直打滚。

巴赫简单的脑袋想破了也想不明白，为什么人类和血族都不肯接纳最真实的他？

这个时候，彼得带领一家人离开谷底，上到科隆跶山上，正在用读心术四处寻找巴赫。不一会儿，巴赫剧烈的疼痛就通过心电波被家人捕捉到了。

彼得急忙带着家人朝特兰西城堡的方向飞扑而去。

比尔早就对读心术留意，立即破解了巴赫对家人的召唤，萌发了要对彼得一家人斩草除根的念头，以免留下后患。

比尔学姜太公稳坐钓鱼台，坐等彼得一家人自投罗网。

月光如洗，冷冷地照见两帮人马在郭尔德山上两两对峙。

吸血鬼们好久没有打仗了，一个个摩拳擦掌，跃跃欲试，只待比尔一声令下，便冲上前去将彼得一家人撕成碎片。

彼得一家人赤手空拳，静静地站在那里，目光不复血族特有的犀利。

比尔不失时机地运用读心术，告诉彼得一家人，巴赫已经死了，而且把巴赫临死前的惨状传播给他们看。

双方还没开战，彼得一家人的心脉悉数痛得寸寸断。从此，血族中少了一个家族，人类却多了更加多的危险。只是人类不知道，这是他们自己给自己找的麻烦。

人物小传
爱做梦的巴赫

巴赫很喜欢数星星，数着数着睡着了，然后梦就开始了。也许在开始数星星的时候，他就已经在做梦了。

但凡爱做梦的人都是幼稚的，因为没有经历过而不懂得。

巴赫在几代没有人类鲜血的滋润后，已经渐渐地远离吸血鬼了，和人类开始接近，就连思维方式都是人类的。巴赫的理想很崇高，不过，前提是他得先把自己改造成人类，这样才能在人类社会的大环境中大展宏图。

可是，当巴赫碰到真正的人类时，他的理想成了一块脆弱的玻璃，被砸得粉碎。这个时候，巴赫自己还完全搞不懂为什么人类会这么排斥他。巴赫完全不清楚吸血鬼祖先都对人类做了些什么。

外面的世界并不精彩。巴赫就像风箱里的老鼠，两头受气。

吸血鬼欧文救了巴赫，但是敌人和朋友的角色不是恒星那样固定不动的，而是随时会转换的。在巴赫屡教不改，实在无法恢复吸血鬼的本性后，他就成了棋盘中的一枚弃子，楚河汉界哪一界都没有他的立足之地。

最后，彼得带领一家子赶过去救巴赫。外面再好，总比不过家里温暖；朋友再好，怎么比得上亲人亲呢？可惜巴赫太小，永远不会懂得这些道理。如果他能够再长大一点，多经历一些，以他的聪明，可能会一夜之间顿悟。只是，命运没有安排给他很多时间可以好好思考。因为巴赫，他一家子全都不存在了，变成了天上的星星了。

历史事件特写：巴赫人间游

巴赫离开老家科隆趺山，来到繁华的都市，无意中遇到欧文，找到了组织特兰西城堡，和其他血族成员一起生活了一段时间。

这段时间说短不短，说长也不长。首先，吃饭就是一个大问题。吸血鬼们的正常进餐，巴赫不习惯，也无法适应；而巴赫爱吃的老鼠和野果，则为血族其他成员所不能容忍。巴赫只得自己解决吃饭问题，艰苦奋斗，

巴赫的心像不像天上的星星？　　8-5

自力更生。

老鼠和吸血鬼有一个共同的习性，就是都在晚上出来活动。特兰西城堡的成员们，一到了晚上就陆续离开，出去找人类猎物。而巴赫则独自留守，他不是做看门人，他专门趴在地上找老鼠洞。巴赫长期在克塞罗悬崖下的谷底里生活，一直以来有着和老鼠打交道的丰富经验，早就把老鼠的习性摸了个一清二楚。巴赫找老鼠洞，一找一个准。一段时间下来，特兰西城堡里的老鼠被巴赫吃了个精光。

可是，特兰西城堡里的血族成员们并不领情，他们不认为巴赫是在替他们打扫卫生，他们只想让巴赫明白，吸血鬼要吸食的是人血，而不是吃老鼠肉。于是，吸血鬼们开始禁止巴赫捕捉老鼠，他们想要迫使巴赫改吸人血，从而真正回到他们中间来。

巴赫很懊恼，老鼠肉明明是美味，却入不了吸血鬼们的法眼。巴赫更不能忍受的是，他吃了这么久的老鼠肉，竟然要被迫放弃。该如何取舍？两难！

唉，早知道不出来玩了，巴赫心想。可惜，一切已经太晚了，这个世界上从来不卖后悔药。

酷睿点评

巴赫要吃老鼠肉和野果充饥，比尔不让吃，欧文他们更是在一旁冷嘲热讽。

比尔作为管理者，很紧张很严肃地对待血族内部成员改变饮食习惯的问题，因为这关系到整个血族生存的问题。比尔肩上的担子不是一般的重。

　　当然，小人物巴赫是无法理解比尔的心情的，他只知道自己喜欢吃什么，不喜欢吃什么。巴赫觉得比尔和欧文强迫自己吸食人血是不厚道的行径，他要维护的是自己个体的私利，而不曾站在大局出发看待问题。

　　巴赫不懂得，不吸食人类血液维生的，又怎么配得上"吸血鬼"的称号？这不是硬要把自己的思想观念强加到别人的头上，而是原则的问题。

　　当双方各自坚持原则的时候，就会谁都看谁不顺眼。矛盾激化到白热化的程度，最后只有狠狠地干上一架才能平复各自的情绪。

　　巴赫的雄心和抱负被一块老鼠肉给打断了。

九、星球大战

人类与吸血鬼生活在同一片天空下，却又互相抗衡。维系他们之间的渊源，则是一场永不停息的战争。一切尽在炼狱。

来自结界的外星人再也无法继续冷眼旁观，趁百年不遇的月食之夜，加入了这场混战，形成了三方对峙的局面。

 第三次圣战

彼得一家人死后的一百年期间,血族变本加厉,更加疯狂地掠夺人类的性命,似乎要把彼得一家人体内严重缺乏的血液补充回来。与整个血族社会的发展成正比的是,仇恨同时在人类的心里夜以继日地滋长,而且越积越深。必须借助人类的鲜血才能存活的吸血鬼,与人类就如同在进行一场千年的拔河,铆足了劲互相较量。

终于,在1710年3月1日,在东普鲁士地区,人类和血族之间展开了轰轰烈烈的战争。这场战争是人类和血族之间的第二次战争,同时是整个血族历史上的第三次圣战。

你是选择行走在光明之下,感受他人的尊敬,为拯救别人而努力,还是成为暗夜中的王者,让人敬畏,随心所欲?光明与黑暗即将开战,双方的实力都因为每一份关注,每一份新鲜血液的加入而不断提升。

血族与人类的巅峰对决,光明与黑暗的终极对抗,精彩上演!

3月1日这一天晚上,似乎在预告人间的不幸,月亮竟然变成了血红色,向地球倾倒着心头血,要把战场来个环境布置。这一天晚上,所有的鸟儿都在不停地歌唱,想用歌声把夜幕叫成白昼,要把晨昏唱颠倒过来。

人类为这次战争做好了充分的准备,严阵以待。每个人类战士全身从头到脚包裹在抛光过的大白盔甲里,用来抵挡钝器的敲击。全身甲胄的分量大约60~80磅,也就是28~35公斤。盔甲的分量是由全身均匀承受的,除非士兵们受了很重的伤或者精疲力竭,在关节允许的范围内活动四肢本身其实并不用很大力气。这套盔甲是在原先锁子甲的基础上进行了革新,把围脖与头盔连成一体,做成面罩,面罩前部尖尖地向前突出,亦被称作

■1679年,《死者咀嚼现象之历史与哲学》出版。
□1679年,英国发表《人身保护法》对保障人权、建立资产阶级的司法审判制度,发挥了巨大的推动作用。

"狗嘴盔"。这种面罩可以向上拉起，提供更好的视野和通风环境。另外，此次战争中，人类战士配备的武器也非常精良，长剑，长三英尺，刃部宽阔，出自著名的制剑产地波尔多省。而且，每个士兵的身上还佩着一柄短剑，这种轻便的武器可以插进面罩，或是盔甲的缝隙，可以在危急时刻起到最大的协助作用。

"剑要么不拔，要么拔，拔出来就要赶尽杀绝！"人类战士异口同声地呐喊道。

尖利的呼啸声响起，树木纹丝不动，树叶却落了一地。夜风中，吸血鬼们像树叶一般飘落下来，黑色拖地斗篷扇出一股巨大的气流，气流所经之处，树木和所有的建筑物一律倾塌，重重地砸在地面上，留下斑斑的伤痕。

吸血鬼们的身体在黑色斗篷的包裹下，融入了夜色这个大背景中，只露出洞察敌情的眼睛。

争战的双方可谓是积怨已久的宿敌了，仇敌相见分外眼红。人类战士举起手中的武器，以排山倒海之势冲向吸血鬼大军，视死如归。纵然前方有刀山剑林，人类战士也绝不会畏惧退缩，因为他们已经被逼得没有任何退路了。

面对来势汹汹的人类，身经百战的吸血鬼们毫不畏惧，一个个激情澎湃，斗志昂扬。这一刻，即使太阳从夜幕后面钻出来，吸血鬼们也要把战争进行到底。

等到人类黑压压地压到吸血鬼大军的阵前时，有那么短短的片刻时间，双方都按兵不动，互相打量对方，心里却波澜呈现，都想在气势上压倒对方，突破对方的心理防线，力求不战而胜。战争还没开打，就已血光隐现。

和人类的紧张相反的是，吸血鬼们则轻松以待，而且明显带着不屑。

吸血鬼大军的总指挥官亚度尼斯双足刚一着地，就迅速拉开防守的攻势。亚度尼斯手里握着的是一把重量型的圣斗士宝剑，长度和重量均是普通宝剑的两倍，足足有四尺长，五指宽，剑身平时用鲜血喂得殷红如血，

■1710年3月1日，第三次圣战开始。
□1710年4月8日，清朝康熙皇帝下令编纂《字典》。

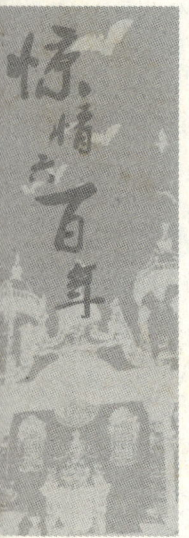

束着一层凌厉的寒光，笼罩住三丈之内的空间，更加衬托得亚度尼斯霸气十足。亚度尼斯凌厉的眼神化作两道骇人的精光，笔直地射向人类的阵营，才扫了一眼，就已经端出了对手的分量。即使没有隔着夜幕，人类战士的眼神再犀利，也无法和亚度尼斯的目光交集，不然只需一眼，就会被冰钉钉在原地，无法动弹。

忽然，一阵惊天动地的爆炸声响起，站在队伍最前排的人类战士们还没明白过来究竟是怎么一回事，就已经纷纷倒在了血泊中。血族把仿造自东方的火药投用到这场战争中，握在明处的宝剑只是蒙蔽人类的手段而已。但是，血族并不想全部杀死人类，只是要教训一下他们而已。亚度尼斯的姿势看样子势在必得，实际上只是摆样子吓唬人类。他的脸上毫无拼死决战应该具备的紧张凝重之色，反而嘴角露出一抹不易觉察的微笑，透着一丝轻松惬意，仿佛只是来这里看戏的。但是，亚度尼斯的心有多冷酷，他的脸色就有多寒，目光凌厉赛过任何一把宝剑。亚度尼斯的气概傲然凌驾于战场上的所有人类。尽管参战的人类数量远远超过血族，但是，正如血族总族长在战争动员大会上所说的那样，你不要总是以数量作为衡量实力的唯一判决规则，你要知道，人类最脆弱的地方，是心，只要抓住这个弱门，任他们阵势再强大，也不堪一击……

看到人类摆出一副同归于尽的架势，亚度尼斯忽而笑了起来，在心里说给自己听："呵呵，你们想要我们从这个地球上消失就会消失吗？哪怕你们自己想要消失，我们都不会让你们得逞！"

亚度尼斯采取的战略是"舍小保大"，放弃小部分拼死抵抗的人类，最大限度内予以初拥。这么多的人，不利用起来多可惜，死了实在是浪费资源。

第三次圣战结束后，和任何一次战争结束后一样，尸横遍野，血流成河。但是，血族没有就此善罢甘休，他们不仅初拥了人类战俘，还进一步扩大初拥范围。血族先是在贫穷而又消息闭塞的东普鲁士、西里西亚和波希米亚等地散布"这么多的人死去是由于吸血鬼作乱"的消息，彻底搅乱

■1711年3月18日，亚度尼斯拜见艾迪。
□1711年3月22日，中国与科威特建交。

人心，从而引发了持续几百年的吸血鬼迷信。血族从中浑水摸鱼，初拥这些地区的人类，时间持续长达几百年。

第三次圣战犹如一场大地震，余震不断。东普鲁士当局对血族散布的谣言信以为真，他们为了制止被初拥的吸血鬼复活，大范围挖掘死尸的坟墓，把每一具未腐烂的尸体身上都钉上大量的木钉。同时，宗教裁判所动员大量的骑士对吸血鬼进行战斗，战争犹如阿米诺骨牌被推倒了一样，产生连锁反应，在欧洲各地不断爆发，而且每场战斗都无比惨烈。但是，这些战斗通常都只有贵族知晓，而大多数的民众对此一无所知。也

第三次圣战中的人类 9-1 战士

许，对于人类而言，有时候在现实中痛苦地挣扎，比在睡梦中死去，要不幸福得多……

上下千年，血族一直在苦苦地求索，要用战争叩开地球的心扉，找回失落的天堂。

人物小传
战神亚度尼斯

亚度尼斯在第三次圣战中，担任吸血鬼军团的总指挥官。年纪轻轻就担此重任，亚度尼斯可谓少年得意，踌躇满志。

亚度尼斯的剑光冷，目光更冷，一股不怒自威的神气深深地蕴藏在他的眼睛里，随目光一起扫射四面八方，还没开打，已经对对手形成巨大的震慑力，这就是亚度尼斯的魅力所在。要多少沧桑的经历才能练就这一双法

■1725年，农民皮尔变成吸血鬼。
□1725年，俄罗斯帝国的彼得大帝逝世。

眼？需要吸收多少的养分才能让眼睛绽放最耀眼的光芒？或许这是从基因里带来的，谁也效仿不了。

亚度尼斯的性格桀骜不驯，即使面临大敌，仍然临危不惧，也只有他才会笑得出来。打仗在亚度尼斯看来，不过是玩一场游戏而已，但是他却丝毫没有把战服当戏服一样戏谑的态度，战服在他身上已经贴着肉一起生长。重量型的圣斗士宝剑在亚度尼斯的手里像一枝毛笔那样挥洒自如，令人看着不寒而栗，而他却胜似闲庭信步般扯起一边的嘴角往上扬，斜斜地笑着，带几分邪气，含几分酷劲，不屑一顾至此，除了亚度尼斯，还有谁能够叫这份气势如此自然地流露，不带一点杂质？

亚度尼斯不是刚愎自负，他深知自己胜券在握，他对自己非常有信心，更对整个吸血鬼军团的作战能力有信心。因为亚度尼斯从来不打没把握的胜仗，所有的战争只要亚度尼斯参加，就一定会打胜仗。

亚度尼斯没有夏尔的霸气，他比夏尔简单，比夏尔阳光，天生打仗的料。

外星来客

1710年3月1日晚上进行了第三次圣战，这场地震的震级实在太大了，不仅令地球大面积范围内生灵涂炭，震波更是影响到地球范围以外的星球。

当战争进行到一半的时候，突然，一道亮光闪了一下，虽然只是一瞬间，但是，血族已经有足够的时间去判断，来者这样快速的行动，绝对不是人类，那么，难道他们是人类的盟友？

命运之神的手指在牵引着征战双方行进的方向，地狱之门洞开。

■1731年12月，《见闻与发现》完稿。
□1731年，清朝雍正皇帝为确保平安，将祭祀天地前的斋戒仪式改在宫中进行。

震波有时候比地震本身更加剧烈。一个巨大的火球掉下来，在地面上砸出一个坑。紧接着，一个外星人从外太空来到地球战场，就在她脚跟落地的瞬间，脚尖点地，轻盈的身体在空中划出优美的弧线。与此同时，火球爆炸，在一片轰隆的巨响声中，战场上一片灰烬，仿佛人头上不小心刮破了，露出一块雪白的头皮。

对于不速之客，吸血鬼们像是在看好戏一般，冷眼旁观，仿佛他们是局外人，或者说，他们只是来看演出的。

尾随白衣美女的不速之客接连而至，这些半路杀出来的程咬金是来自外太空的"血之源"星球上的人类，他们的身体构造和地球人类大同小异，血管里流着的也是红色的液体。

但是，"血之源"人却和地球人有着本质的不同，由于"血之源"星球不受地心力的束缚，游离在外太空，"血之源"人因此具备了超常的想象力，只要他们对某一件事或者某一个东西发挥想象，那么结果就会变成他们想象的那个样子。"血之源"星球因此逐渐发展起一个完全不同于其他星球的，以精神和魔法为中心的外太空文明。

当"血之源"人到达地球的时候，地球战场正陷入一片混乱中。人类明知道自己打不过吸血鬼，但还是顽强拼搏，右手没了，那就换左手拿武器，纵然缺胳膊少腿了，我还有嘴巴，可以用牙齿咬。哪怕做流星，地球人也要辉煌地来，绚丽地去，为了地球家园，释放毕生所有的力量。

"血之源"星球的探路人也就是他们的族长，名叫法瑞丝，是一个冰清玉骨的绝代佳人。法瑞丝冷眼旁观，分不清争战双方到底孰是孰非。但是，法瑞丝想到，人类和血族是地球上一条生物链上的两个极端，互为因果关系，都是奉上帝的旨意而存在的，无论一件事情多荒唐，只要它能出现，就有它产生的土壤，只有当它存在的土壤没有了，它才会消失。如果它能继续存在，也就是合理的，偶然之中有必然，世上没有无缘无故的事。这个想法，就如同我们中国古代思想家提出的"道"，"道生一，一生二，二生三，三生万物"。因此，万物存在者，皆为道所生，自然合其理了。

■1732年，《见闻与发现》正式发行。
□1732年2月22日，美国总统华盛顿出生。

法瑞丝带领族人在战场上穿梭来往,竭尽全力想要制止这场战争。当吸血鬼抓住一个人类战士,想要下手拧断他的脖子时,螳螂捕蝉,黄雀在后,"血之源"人就以其人之道还治其人之身,凑上去一把掐住吸血鬼的脖子,作势要把木制十字架戳进吸血鬼的心脏上,迫使吸血鬼松手放掉人类战士。反之亦然,如果人类战士想要报复吸血鬼,"血之源"人同样及时出手制止他们。

法瑞丝降临地球　　　　　　　　　　9-2

亚度尼斯亲自冲锋陷阵,冒着满天的箭雨艰难前进,击溃了剑术最高明的人类战士。同时,亚度尼斯的面颊上不小心被对手的宝剑划了一下,但他忍着剧痛继续指挥作战。这是一次真正的洗礼,亚度尼斯显现出了超凡的勇气。勇猛果敢的亚度尼斯引起了法瑞丝的高度注意。法瑞丝紧紧地跟着亚度尼斯,生怕一不留神他又杀死人类。

可是,战争不是以"血之源"人的意志为转移的。战争在继续,死亡在继续,"血之源"人疲于奔命。

"再不停止战争,就不给你们月光!"法瑞丝大喝一声,不再出手帮助任何一方,带领族人盘腿坐在硝烟弥漫的战场上,嘴里念念有词。

■1728年,莱恩夫特出版《随意在坟墓里咀嚼的尸体》。
□1728年,印度斋浦尔王宫建成。

法瑞丝的话果然应验了。不一会儿，天地间一片漆黑，没有一丝光线，夜空仿佛一个巨大的盒盖兜头罩下来，把整个地球给密密地盖住了。人类和吸血鬼吓坏了，忙不迭丢掉了手里的武器，纷纷跪倒在地上。

人物小传
刚柔并济法瑞丝

法瑞丝冰清玉骨，心思敏锐，处理事情大方得体，更兼能文能武，刚柔并济。

这么年轻这么美丽这么能干的一位女孩子，得到上帝格外的垂青，委托给她重任。人类和吸血鬼一直断断续续地打着旷日持久的千年圣战，多少生灵惨遭涂炭，却被法瑞丝几句咒语就给解决了，简直就是四两拨千斤。法瑞丝是在用心体察问题，用脑子解决问题，而不是单单依仗蛮力。试问这样乖巧贴心的绝代佳人，世上能有几个，只怕天上也找不出第二个来。

法瑞丝的到来，为第三次圣战的战场注入了一股脉脉的柔情，她因为懂得，所以慈悲。在法瑞丝的心里，人类和吸血鬼都是有生命的生灵，无论哪一方受伤，她都不忍心，她最擅长的就是换位思考，人同此心，心同此理。法瑞丝就是一轮高洁的月亮，默默的绽放光芒，慰藉每一个生灵的心，只是月光很近，月亮却很远。

法瑞丝再强大，却丝毫没有给人凶悍强硬的不适感觉，即使她舞刀弄枪冲锋陷阵，也是在用她那柔美的身姿饱含深情的眼睛悄然抚慰战士们受伤的身心。

完美无瑕的法瑞丝没有让上帝看走眼，她很好地完成了上帝交代的任务，而且完成得太好了，连上帝没有安排到的爱情，她都自己解决了。

这样出色的女人，该由什么样的另一半来配呢？法

■1733 年，克里斯蒂·斯托克《论吸血的尸体》问世。
□1733 年，1733 年 3 月 13 日，英国化学家普利斯特列诞辰。

瑞丝的爱不是飞蛾扑火，落子无悔！

其实，是上帝特地安排法瑞丝去"血之源"做族长，以便在第三次圣战爆发以后，带领"血之源"人来到地球，制造百年不遇的月食现象，促使人类和吸血鬼停止争斗。

接着，为了安抚恐慌的人类和吸血鬼，法瑞丝又展开冥想，在脑海里勾勒出人间未来的美好景象。在这幅蓝图里，随着文艺复兴的兴起，欧洲人民逐步从蒙昧状态中摆脱出来，并且摈弃了对宗教的迷信。尤其到了19世纪初，浪漫主义运动带来了一幅祥和的图画：环境越来越好，社会经济越来越发达，生活水平越来越富足，欧洲人和吸血鬼的族群都得到了相应的发展。法瑞丝让大家看到明天欧洲大陆的夜空，星星还是那么多，但是多而不乱，还是那么密，但是密而不挤，它们各安其位，一样热烈地燃烧着自己。

法瑞丝把自己想象的这幅蓝图通过脑电波输送给人类战士和吸血鬼，促使他们沸腾的热血平息下来，扔掉手里的武器，停止战争。

不过，法瑞丝描绘的蓝图，到了2012年1月1日就戛然而止，没有再继续下去。

而据现代研究表明，中世纪不是曾经被认为的那么黑，也不是那么停滞；文艺复兴不是那么亮丽，也不是那么突然。过去的都已经过去，一切有待今人创造更更好的明天。

 立约

18世纪是吸血鬼的黄金时期，在那之后，吸血鬼开始销声匿迹。据第三次圣战的主战场东普鲁士的人类传说，地球上最后一名吸血鬼也被教廷消灭了。然而，事实却非如此。

■1734年，庄福的《论塞尔维亚的吸血鬼》问世。
□1734年12月29日，中国清代戏曲理论家李调元出生。

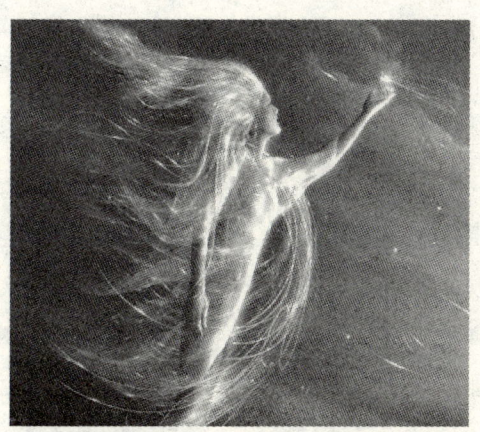

法瑞丝在念咒语　　　　　9-3

　　第三次圣战结束后，1710年3月2日凌晨，天刚蒙蒙亮，法瑞丝带领族人准备动身返回"血之源"星球。就要离开地球前，法瑞丝转过身去，缓缓地扫了一眼，心里涌起无限的感伤。

　　战争就像一面清醒的镜子，不遗巨细地映照出人类和吸血鬼内心最隐蔽而幽暗的角落，同时也映照出了法瑞丝那像金子一般闪亮的心。

　　就在惊鸿一瞥间，亚度尼斯读懂了法瑞丝心里溪水一般缓缓流淌的柔情，和之前紧贴在自己身边劝架的她完全不同，但都是一样的善良品质，这个刚毅坚硬的铁面冷汉被迅速击垮了，失足跌进了"一眼一万年"的谶言里。那一刻，亚度尼斯突然羞愧难当，心里默默地向法瑞丝忏悔道："我无力把与生俱来的攻击性从内心完全赶走，我对自己无可奈何。"

　　无法预料的开始，无法预见的结束，缘生缘灭在一念间。亚度尼斯想把这一眼延续下去，拉到无限长的未来，无奈苍天弄人，世事残酷。亚度尼斯没有忘记自己的身上背有来自天庭的诅咒。

　　"我是一个吸血鬼，我明白自己该做什么，不该做什么……"亚度尼斯想到这里，心如刀绞。

　　法瑞丝急着回到"血之源"，万一太阳出来，他们就会丧失飞翔的

■19世纪初，欧洲开展浪漫主义运动。
□19世纪初，英国科学家道尔顿提出近代原子学说。

功能。

亚度尼斯眼睁睁地看着法瑞丝飞过眼前，就好像是一朵亮丽的云彩，隐没在半暗半明的天空深处，一颗心剧烈地抽痛。

亚度尼斯直挺挺地跪在地上，仰头长啸，将手里的圣斗士宝剑用力抛到天上。天空中还没有完全隐去的月亮，收起了所有的光芒，似乎在哀悼一段还没开始就要结束的爱情。

亚度尼斯不知道，回到"血之源"的法瑞丝也在强烈地思念着他。就在法瑞丝进入云霄的刹那，亚度尼斯的圣斗士宝剑也同时到达法瑞丝的手里，剑头滴着从亚度尼斯心里流出的血。亚度尼斯的心血告诉法瑞丝，自己有多爱她。法瑞丝被深深地打动了，但是，她很清楚，亚度尼斯身上的罪孽太深重，自己无法和他结合。法瑞丝苦思冥想了几天几夜之后，想出了一个解决的方法，她想要把自己的生活状况加在亚度尼斯的身上，这样亚度尼斯以后就可以像她这样生活了。只是法瑞丝不知道亚度尼斯会不会觉醒。

1710年3月12日，法瑞丝编了一首歌谣，其中高潮部分唱道："无论何时何地，我都要和你在一起，亲爱的，请你攀着旋转的阶梯，飞到我身边来！"

法瑞丝借助歌曲表达自己的爱意，呼唤亚度尼斯来到她的身边，和她一起生活。这首歌穿越重重云层，从"血之源"星球飘到地球上，四处传唱，绕梁之际，余音不绝于耳。可是，天上一日，人间一年，亚度尼斯一直到第二年才听到这首歌。

痛苦从心底慢慢地延伸开来，汇聚成一股暗流，从一个梦境向另一个夜，不受控制地流泻。1711年3月15日，亚度尼斯又一次从梦中痛醒了，瞪大了眼睛盯着夜空，心焦如焚，他不清楚圣斗士宝剑到底有没有到达法瑞丝的手里。这时，法瑞丝创作的歌曲随着夜风一起摇摆，传入了亚度尼斯的耳朵里。亚度尼斯手一伸，被他抛到天上的圣斗士宝剑又回到了他的手里。亚度尼斯仔细一看，清澈如冰水的剑身上面出现了一张地图，上面画着去"血之源"星球的线路图。

历史事件特写：第三次圣战的一些不为人知的细节

第三次圣战，在人类历史上，是人类第二次和血族之间进行的大规模的战争。而在吸血鬼的历史上，则是第三次大规模的战争。

18世纪是吸血鬼的黄金时期，1710年瘟疫再度流行，罪魁祸首就是吸血鬼，东普鲁士深受其害。当局为了消除人民的恐惧，采用了许多骇人听闻的手段，比如把一座公墓里的坟墓全部打开，看看哪些人的尸体没有腐烂，那它就是吸血鬼。最著名的案例有以下两个：一个名叫皮尔的农民在1725年死后变成了吸血鬼，在村庄里兴风作浪，致死8人。另一个名叫波尔，它被控造成全村大量人口和牲畜死亡。这两个案子都轰动一时。第二个案子的影响要大得多，当局于1731年12月开始着手调查，写成《见闻与发现》为题呈送贝尔格莱德法庭，并于1732年正式发表印行。其中《拾穗者》杂志在1732年3月3日的那一期中第一次出现吸血鬼法语单词。

早在1679年出版的《死者咀嚼现象之历史与哲学》，作者菲利普，该书把在坟墓中咀嚼的现象解释为魔鬼附身，这一观点在当时得到许多人支持。1728年，莱恩夫特出版《随意在坟墓里咀嚼的尸体》，驳斥菲利普。1733年克里斯蒂·斯托克《论吸血的尸体》和1734年庄福的《论塞尔维亚的吸血鬼》等一系列小册子纷纷问世。

吸血鬼们心里对末日传说的临近坚信不移。为了使种族永远延续下去，宏观及微观的准备工作一刻也不曾松懈。对魔族发动清洗，被认为是巩固权利和树立威望的重要步骤。这场波澜壮阔的战争一直延续到现在。

亚度尼斯顿时大喜过望,喜的是法瑞丝和自己心心相印。可是,惊喜过后,不安渐渐地占据了他的心。罪孽是永远洗不掉的,他该如何让生命重新来过?

梦寐以求的爱情该如何变成现实,放弃还是继续?难道终生孤独是吸血鬼注定的命运吗?亚度尼斯一手扼住命运的咽喉,一手压住时间的脉搏,强迫自己尽快做出决定。摆在亚度尼斯眼前的有两条路,要么破茧成蝶,挣脱命运的束缚,要么死在千疮百孔的茧里。

亚度尼斯很清楚自己的个性,决不会轻易妥协!亚度尼斯对自己说,选择没有绝对的正确与错误,活出自我才最精彩!

的确,光怪陆离的表面下暗流涌动,漩涡形成斗争,但是,旋转的同时,洋溢着友谊的芬芳。亚度尼斯决定为了爱情赌一把,他毅然去东普鲁士找自己的上级,东分部的族长艾迪,要求去掉吸血鬼的身份。第三次圣战结束后,血族的东分部搬到了东普鲁士。

1711年3月18日,亚度尼斯一番跋涉之后,终于来到了东分部。平时东分部的族长艾迪从不接见下面的人,但是,今天他为亚度尼斯破例。

艾迪喷着烟雾,静静地听着亚度尼斯表达他对法瑞丝的爱慕之情,一声不吭。当亚度尼斯憋红了脸一口气说完之后,艾迪才轻轻地磕掉烟头上的烟灰,淡定而又温和地问道:"你敢肯定你对她是发自内心深处最真挚的感情吗?"

亚度尼斯点点头,肯定地回答道:"恩,是的,我非常肯定!"

艾迪接着又问:"难道我们整个族群中就找不到你爱的另一半吗?"

亚度尼斯没有料到艾迪会这样问,猛地愣了一下,飞快地转动脑子,断然回答道:"我在遇到法瑞丝之前,从来没有想过爱情这件事。在遇到法瑞丝之后,我再也没有注意过其他任何异性。"

艾迪听了,轻轻地叹了口气,慢腾腾地说道:"去掉吸血鬼的身份只有两条途径:第一种,如果你犯了不可饶恕的罪过,那么就会被开除族籍,离开血族社会;第二种,就是换血。换血的过程不是一般的折磨,你愿意承受吗？"

还没等艾迪说完，亚度尼斯就迫不及待地喊道："我愿意！"

所谓换血，就是要求离开族群的吸血鬼找一个同类和自己互相交换体内的血液，这样一来，即使这个吸血鬼离开了族群，但是他的特征和习性将会在族群中永远流传下去。

艾迪闭上眼睛，紧紧地握起拳头，手背上青筋暴突。雷电交加，往事随风雨一起回到艾迪的眼前。当年，艾迪因为和一个名叫米歇尔的人类姑娘相爱，导致米歇尔活活被罗马教廷烧死，从此，艾迪不再开口说一句话，埋头苦干，他捕获的人类猎物的数量很快就在血族中名列前茅，从而换来一个比一个更高的荣誉，一步步登上东分部族长的位置。今天晚上，艾迪再次为亚度尼斯破例开口说话。艾迪之所以这么照顾亚度尼斯，因为亚度尼斯就是他和米歇尔的爱情结晶。当然，这一切艾迪永远不会让亚度尼斯知道，他不希望痛苦伴随儿子的一生。

"儿子，你为什么要步我的后尘呢？为什么你要把自己推向一个不可预知的未来呢？"艾迪心里这样想着，不由得捏紧拳头，关节处"嘎吱"作响。

艾迪的长相本来就不怒自威，而心情沉重的他脸色就更难看了。亚度尼斯以为艾迪嫌他对族群不够忠贞，心里不由得倒抽了一口冷气。族长会怎么处理这件事，答应还是不答应我换血？亚度尼斯心里惴惴不安。

"来人！换血了！"艾迪扬起左手臂，高声叫道："我要把我的血换给亚度尼斯！"

话音刚落，整个东分部都震惊了。

其实，艾迪是想把自己体内的功力全部输给儿子，希望他以后能够轻松地战胜敌人，好好地活下去。同时，和儿子互相交换血液后，儿子的血融入他的体内，他们父子俩再也不会分开。

艾迪和亚度尼斯同时用刀把各自的一只手腕割破，然后把伤口紧紧地贴在一起，进行换血。父子俩第一次挨得这么近，但是，最接近之后，就

将拉开最遥远的距离。

之后，艾迪和亚度尼斯立约，由亚度尼斯率先去"血之源"开辟新的阵地，为整个血族铺好后路。艾迪还从东分部中挑出一些对目前生活感到厌倦了的吸血鬼，让他们跟随亚度尼斯一起去"血之源"生活。

1711年3月24日，亚度尼斯到了"血之源"后，也跟法瑞丝签订了婚前协议，根据他们各自不同的生活习性，约定婚后互相给予对方一定的弹性空间。这就是欧洲人签订婚前协议的来历。

其实，早在法瑞丝去"血之源"前，上帝就跟她立约，让她引导一部分吸血鬼摒弃吸食人血的恶习。

亚度尼斯和法瑞尔双双离开了艾迪，越走越远，直到完全走出艾迪的视线　　　　　　9-4

人物小传
父爱如山——艾迪

艾迪是亚度尼斯的生身父亲，但是这个秘密只有他自己知道，而且他准备将这个秘密直接带进棺材里。

我们现在看到的艾迪是一位冷静理性的老者，而且手握重权。但是，年轻时候的艾迪，会跨越界限爱上人类姑娘米歇尔，并且不顾一切甚至可以说是冒着生命危险生下亚度尼斯，可以想见艾迪当初滚烫的心、滚烫的情。青春岁月尽情地燃烧生命，烧过头了，老了的艾迪便将一颗心收了起来，悄悄地关进玉石雕刻的匣子里。

导致艾迪变得沉默寡言的，首先是米歇尔的离开，爱情是双方的，米歇尔却独自承担了这份爱的后果，被活活烧死。重情重义如艾迪，怎么不会痛断肝肠！艾迪对自己无能为力，对自己的爱人无能为力，于是他变得越来越沉默。艾迪的沉默并不意味着消沉，相反，他从此更加努力拼搏，为了打造一个美好的明天。明天的蓝图里，不仅仅只有他自己，还有他的宝贝儿子亚度尼斯。

生命里失却了最心爱的人，这个天大的悲痛艾迪扛住了，他还有儿子。有儿子就有一切。艾迪很爱很爱亚度尼斯，他狠心放亚度尼斯去流浪，幕天席地，餐风露宿，和各种猛兽为伍，为的是可以让亚度尼斯得到更大的锻炼。

最后，艾迪把自己对儿子的满怀深情，化作最新鲜的血，默默地注入亚度尼斯的体内，圆了他要和儿子永远在一起的美好愿望。

酷睿点评

第三次圣战是到目前为止，吸血鬼历史上规模最大、战况最惨烈的一次战争，打出了千年圣战的气魄，打下了一个重重的感叹号。规模最大，包括两个方面的含义，一是指人类和吸血鬼交战双方参加的人数为历史最多；二是指影响范围广。影响范围广，又包括两个方面的意思，一是指战场拉开大，涉及地区多；二是指战争结束后，人类还在大范围内展开搜捕吸血鬼的活动，杜绝后患。

第三次圣战结束后，吸血鬼在人类的大力打击下，逐渐淡出历史舞台。

艾迪颐养天年的地方　　　　　　　　9-5

有的历史学家猜测吸血鬼已经全部灭亡了,有的历史学家则猜测吸血鬼至今还活跃在人海里,只是他们为了更好地保护自己,效仿变色龙,悄悄地改变自己的模样,力求向人类靠拢,以人类的形象出现,和人类混居在一起,大隐隐于市。

# 现代吸血鬼探究

18世纪达到黄金鼎盛时期的吸血鬼，在19世纪突然消失，又神秘地出现在新世纪的偏远地带，折磨人的方式依然存在。无论历史跋涉过多么长的河，无论人类做多大的努力，始终无法改变吸血鬼嗜血的本性。

 **吸血鬼的劫数**

　　1999年12月24日平安夜晚上，圣诞节前夕，又一个灯红酒绿的不眠之夜，寂寞无声地潜入心灵最深处。黑夜永远不会改变颜色，沉默是它唯一的语言。惆怅和迷惘中是否可以酝酿出爱的奇迹？

　　罗丝从家里溜出来，来到伦敦远郊一间名叫"蛇咬（Snakebite）"的酒吧。那里号称是全伦敦最黑暗的歌特酒吧，里面混合了嬉皮、朋克、歌特不同风格和无数奇奇怪怪的人，多年来一直面临被勒令关闭的危险。酒吧里面只提供一种饮料，饮料名称就叫"蛇咬"，深红色，由多种果汁和啤酒混合而成，味道很好，也是"吸血鬼"的最爱。

　　罗丝于1979年8月8日出生，5岁那年不小心遭遇车祸，面部受到严重的创伤，人们只要看到她的脸就会晕过去，成功的颌骨手术使她的表情看上去像尸体一样苍白而又僵硬，为了不再吓到别人，从此罗丝戴上了面具。罗丝的名字代表"玫瑰花"的意思，赋予她的生命多少美好的想象，似乎注定了她与生俱来的浪漫，同时，也注定她的生活如戏剧般虚幻。罗丝很少和别人交谈，她只活在自己的世界，而且她很少笑，紧紧抿着嘴，神秘如同蒙娜丽莎。为了使自己看起来与众不同，罗丝从懂事起就开始在自己身上创造优雅，她总是包裹着无数繁复的蕾丝饰带，带着18世纪法国宫廷假发，穿着束胸和拖地长裙，披着厚重的黑色天鹅绒披风。罗丝平时难得出门，只是每个月12日晚上定时去"蛇咬"酒吧参加聚会，只有在那里，她才会受到一视同仁的公平对待，不会被当做另类而引起旁人轻蔑的侧视。

　　罗丝这样复古的装扮走在20世纪的大街上很不合时宜，但是她仰着头

■1968年，吸血鬼联盟的创始人柯林出生。
□1968年1月8日，南非医生克里斯琴·巴纳德进行了世界上首例心脏移植手术。

径直往前走，不屑把路人的目光放在眼里。罗丝来到"蛇咬"酒吧，门口停着古旧的黑色马车，仿佛要去参加标准的英格兰葬礼，里面一帮人正在举行化装舞会，那些梳着高髻拿着羽毛扇的贵妇正在交头接耳窃窃私语，而绅士们穿着丝缎的燕尾服，戴着高高的礼帽，持着缀有银质骷髅头的手杖，对女士行吻手礼。他们无一例外都披着黑色天鹅绒披风，嘴角两边露出长长的尖牙。

难道18世纪达到黄金鼎盛时期的吸血鬼，真的在19世纪消失以后又重新复活了？

现代社会中很多失意的人崇拜吸血鬼，并且伪装成他们的样子，称自己为 HLV（Human Living Vampire）或 Vampire Lifestyler，常年穿着黑色，戴着尖牙，躲避阳光，以吸血鬼的方式生活。他们并不真正饮血，而用红酒和各种红色饮料代替。"蛇咬"酒吧由于地处偏僻，是一个隐蔽的所在，长时期被用来作为吸血鬼联盟（Vampire Connexion，简称VC）的活动场所。VC的主要组织者柯林自称"吸血鬼主人（Vampire Master）"，1968年出生的他从25岁起开始迷恋吸血鬼，至今已过了近30个年头。十年前，柯林召集到几位同道中人之后，成立了英国最早的大众吸血鬼组织（Vampire Society），即吸血鬼联盟，他们坚持中世纪古老的服饰装扮，遵循英国维多利亚或法国18世纪宫廷服饰品位，努力维持着吸血鬼部落的优雅和高贵，定期在"蛇咬"酒吧举行吸血鬼派对。"蛇咬"酒吧平时虽然也对外开放做生意，不过那些都是为了掩人耳目罢了，最主要的是提供给吸血鬼联盟活动用的。参加吸血鬼联盟派对的主体成员大致在三四十岁左右，他们是受过良好教育，有一定经济实力的都市白领或自由职业者，例如艺术家、作家和摄影师等。会员拥有价值80英镑的吸血獠

化装舞会　　　　　10－1

■1975年12月24日，现代吸血鬼穆勒出生。
□1975年1月6日，中国与博茨瓦纳共和国建交。

牙，由专业牙医量身订做，甚至最贵的獠牙真的可以用来咬东西，非常锋利，非常牢固。柯林坚称，大不列颠直至上个世纪末已经达到了黄金年代，而进入20世纪的所有一切都是垃圾。柯林认为VC并不是什么诡异另类的嗜血邪教，而是最大限度地模仿法国18世纪沙龙聚会，重现上个世纪的英伦社会，在乏味枯燥的钢筋水泥社会中建立属于自己的乌托邦。

人物小传
伪装的面具——柯林

柯林是英国吸血鬼联盟的创始人，他从风华正茂的青春时代开始迷恋上吸血鬼，到沉溺其中而不能自拔，以致后来建立吸血鬼联盟，广罗志同道合的同道中人。吸血鬼联盟存在三十年之久，其中柯林为之付出了全部的盛年时光，这和他失意的人生是分不开的，而且二者之间互为因果关系。如果柯林不是那么迷恋吸血鬼，从而导致无法专心学习和工作，他就不会逐步和现实社会脱节，一步步后退到他给自己圈定的活动圈子里，这个圈子就是吸血鬼联盟。

柯林躲在吸血鬼联盟的活动基地"蛇咬"酒吧里默默地舔自己心上的伤口，用优雅的言谈举止来掩饰自己。可是，掩饰的只能是外在，只是给他人造成一种假象，而自己的一颗心又怎么可能隐瞒得过去呢？心里这一关过不去，最终导致柯林发疯，于是狠下心放火烧毁了"蛇咬"酒吧，也烧毁了他的乌托邦，从此吸血鬼联盟荡然无存。虽然说是由于吸血鬼联盟的领导人之间产生摩擦才导致柯林的不满与日俱增，其实这些只是托辞罢了，究其实，柯林内心早已厌倦了伪装吸血鬼的生活。人就是人，吸血鬼就是吸血鬼，互相交换着扮演最多只能是舞台上的一幕剧情而已，一旦时间长了，谁都受不

■1979年8月8日，罗丝出生。
□1979年1月28日，邓小平访问美国。这是中华人民共和国成立后暨中美建交后中国领导人第一次对美国的访问。

了。可见，柯林的内心还是非常向往美好的人类社会的生活，只是他拿不出勇气去创造一份美好的生活给自己，最后弃权。

不知道柯林在迷惘的时候，会不会偶尔抬头仰望星空，一边看一边数天上的星星？

柯林一直单身，由于极端讨厌小孩而不肯步入婚姻的殿堂，又因为坚持歌特打扮而被父母逐出家门。柯林长得非常的迷人，所有的交际场所，只要有他在场，全场的女性，不管年纪老幼，一准排着队地去找他说话，争先恐后和他调情。当然，柯林也很受男生欢迎，尽管他一再宣称自己并非同性恋，而是不折不扣的异性恋，但是，从来没有人真正相信过这一点。

柯林苍白的脸色，瘦削的身材，酷似吸血鬼，而不需要怎么刻意化妆。柯林非常喜欢化装舞会，只要一戴上面具，他就完全发挥出他的演戏天分，他的Pose绝对不比任何一个专业模特逊色。只是这个在众目睽睽下神采飞扬的人并不是真正的他自己，而是他的面具，这点只有他自己最清楚，而真实的他究竟在哪里，谁都无法知道。

1999年12月24日晚上"蛇咬"酒吧里面热闹得一塌糊涂，吸血鬼联盟的成员们在尽力地卖弄给自己看，尽情释放身体里的最后一点热力。突然，只听到"轰"的一声巨响，接着一连串的爆炸声，"蛇咬"酒吧的一侧玻璃全部被震碎，沿着广告牌与楼层的间隙掉下。"蛇咬"酒吧突然起火，伴随着火苗从酒吧里窜出的浓烟非常呛人。据第二天的地方媒体报道，"当时两名巡逻治安员正远远地走过去，快要接近'蛇咬'酒吧所在的小巷时，猛地看到浓烈的烟雾，吓得他们躲进旁边巷子的手机店里，再也不敢出去"。由于火势迅速蔓延，"蛇咬"酒吧里面正在参加化装舞会的吸血鬼联盟的成员们纷纷惊呼："起火了！"四下里逃窜，无奈被火团团围住，无法脱身。被烧伤的患者当中，最严重的身体四肢多达98%的面积被烧

■1983年，穆勒第一次知道自己不能在太阳底下暴晒，吸血鬼的特征开始显露。
□1983年1月1日，TCP/IP协议取代了旧的网络成为今天的因特网的基石。

伤。等到罗丝跑出"蛇咬"酒吧之后,她才猛地惊醒过来,原来自己是从后门的窗户上爬出来的。大难不死的罗丝,惊魂未定,但是她不放心里面的成员们,又转到酒吧的正门,几次想冲进火场去救几个人出来,都被猛烈的火势给挡了回去。大量浓烟呼呼地从门窗里涌出来,从墙壁的缝隙里钻出来,里面的人哭的哭叫的叫,拼命想要挤出来,争先恐后地想要逃生,却孤苦无助地纷纷倒在火海里,无力地做着垂死挣扎。罗丝忍不住放声号啕,闻者无不为之动容……

短时间的火或许烧不死人,可一旦伴随的浓烟在一个狭窄的空间里汇集,哪怕人在那里待上几分钟,也是致命的。"蛇咬"酒吧火灾最致命的地方就是:死者大多不是被烧死的,而是被燃烧后无法排出的浓烟活活闷死的。"蛇咬"酒吧外观看上去很豪华,但是处在小巷里,前后纵深有10多米,一时间很难排放烟雾。一位事后赶赴现场查看的消防队员忍不住骂道:"真是活见鬼了!"

罗丝把对柯林的暗恋,
牢牢地锁在心里　　10-2

在昏暗的火光照映下,罗丝隐约看到有个人远远地站在"蛇咬"酒吧后面的山坡上,一动不动地望着火光。原来是柯林放的火。合作时间久了,吸血鬼联盟中的几位领导人之间逐渐产生矛盾,无法调和的结果当然是朋友反目,他们之间开始斗争不断,到了水火不相容的地步。激愤之下,柯林铤而走险,放火摧毁吸血鬼联盟。

柯林仿佛欣赏烟花一样,站在时间的尽头,微笑着欣赏逐渐在火海中化为灰烬的"蛇咬"酒吧,对自己说:"没有人再能创造出比吸血鬼更加完美更加强大的生物,吸血鬼是永恒的!"

■1984年,罗丝出车祸,命运被改写。
□1984年1月1日,文莱脱离英国独立。

人物小传
无法脱下的面具——罗丝

　　罗丝的命运在遭遇车祸的刹那，已然完全改写。生命的列车到了那一刻决然掉转方向，向着一个无法预知也无从安排的未来猛力冲过去。黑洞猛然扩张，叫人猝不及防就掉了进去。又似乎是一块调色板突然掉落在地上，各种颜色混杂在一起，污浊不堪。

　　罗丝从此被迫戴上面具，而且这个面具一旦戴上了，就再也无法脱下来。面具后面罗丝的眼睛，看到的景象没有改变，生活在继续，只是她被推到了生活的另一头，而且正在一点点地从生活中被剥离出去。这样的后果不是罗丝自己真正想要的，但是她必须得接受，不管她愿意还是不愿意。身在新世纪的人们，如果无法主宰自己的命运，将是何等的悲哀？罗丝的悲凉力透纸背。在为罗丝掩卷叹息的片刻，我们是否可以看得到，其实我们的生活物架上也充斥着各种面具，大小不一，款式各异，不同的场合适用不同的面具，要用到的时候随手拈来。

　　罗丝最令人难过的就是，从此要和记忆为伴，在记忆里沉沦。记忆里的罗丝，天真活泼，容貌姣好，只是这一切如昙花一现，罗丝的笑容永远被定格在5岁那年明媚的秋光里。庆幸的是，罗丝的善良和纯真没有改变，这些优良品质构建了她强大的内心，使得她后来成为支撑穆勒活下去的精神支柱。

　　罗丝和面具已然结合为一体。脱下面具的罗丝，不再是完整的她自己，也只有戴着面具的人生才是完整的。

■1989年，由英国人柯林组织的吸血鬼联盟诞生。
□1989年，美国已故歌星杰克逊获得"美国音乐奖"中的"特别成就奖"。

 # 寻找吸血鬼

"螳螂捕蝉,黄雀在后",正当罗丝站在对面竭力想要看清楚柯林脸上的表情时,穆勒站在柯林的后面,对着柯林的背影发出冷笑。只不过穆勒的身体隐在树林中,身上厚重古典的黑色斗篷和夜色融为一体,一时间很难察觉。

穆勒出生于1975年12月24日,他在很小的时候就发现自己与众不同的地方,顶着一头又长又乱的浓密的头发,想要梳理,却苦于无法在镜子里看到自己的映像。穆勒不知道,又长又乱的头发其实是吸血鬼的特征,无法在镜子里出现映像也是吸血鬼的特征。穆勒的诞生,证明了曾经活跃在欧洲中世纪的吸血鬼并没有完全消失,而是融入了人类社会,在接近人体的同时,又保持了吸血鬼的一些主要特征。不过,尽管时至今日,吸血鬼的后裔们已经适应了人类生活的一些习性,比如穆勒现在可以在阳光下行走,但是,绝对不可以晒过多的太阳,否则就会在太阳底下悄然溶化,直至消失。对于这一点,穆勒可以说有切身的体会。8岁那年夏天的一个下午,穆勒被妈妈带到海边避暑,冒着毒日头在沙滩上海水里疯玩,结果脸上的皮肤一层层地脱落,露出里面红彤彤的肌肉来,吓得他妈妈抱住他,用湿毛巾一遍遍往他脸上敷,一边敷,一边哭,后来送去医院检查,连医生也说不出个所以然来。从那以后,穆勒的妈妈就再也不准穆勒出去晒太阳了。一直到今天,穆勒仍然是夜的主人,是妈妈眼里最值得收藏的奇珍异宝。

穆勒家族姓葛德,祖上从17世纪中叶开始世袭伯爵,可惜传到他爷爷奥德里奇那一代,家道开始中落,到了穆勒手里,更是一贫如洗,只剩下一座可以遮风避雨的维特拉城堡,伯爵称号更是成了一个符号,徒有其名。穆勒从小和妈妈在维特拉城堡里相依为命,和其他人保持一定的距离,倒

■1993年早春二月,现代吸血鬼阿道夫吸食小学生阿历克斯的鲜血。
□1993年2月26日,纽约世贸中心发生大爆炸。

也一直相安无事。

"真正的吸血鬼是不会放火的,只有你们人类才会使出这么卑劣的手段,你们比吸血鬼更残忍!"穆勒冷冷地吐出这么一句,转身走下山,朝罗丝走去。

穆勒走到罗丝跟前,伸出手对她说道:"你愿意跟我走吗?"

穆勒一直躲在暗处观察"蛇咬"酒吧的一举一动,注意罗丝已经有一段时间了,这个女孩由于受到社会的排挤,才会沉迷于吸血鬼联盟的派对,对此,穆勒深为同情。观察久了,穆勒就被罗丝的单纯和善良给深深地打动了,不知不觉地爱上了她。罗丝对此浑然不觉,她的眼里心里只有一个柯林。在时日长久的接触中,罗丝被柯林优雅得体的言谈举止给迷惑住了,由此深深地爱上了他。不过,罗丝把这份感情埋藏得很深,悄悄地把自己归入暗恋的一分子,站在远处密切关注柯林的举止,连脸上一个蛛丝马迹的表情都舍不得放过。

罗丝赫然看到穆勒挨近自己的那张陌生的脸,不禁被吓了一跳,愣愣地问道:"你是谁?为什么我要跟你走?"

穆勒比柯林更英俊,完美的五官搭配苍白的脸浑然天成,最难得的是,他的眼神清澈,眼底抹不开的一抹纯真犹如夜明珠一般灼灼耀人。人一生下来就开始了寻找另一半的历程,人生其实就是一个寻寻觅觅的过程,当罗丝看到穆勒的第一眼,心里顿时变成一片雪洞,恍然大悟一般惊醒过来,悄悄对自己说,他就是我要找的那个人。与此同时,穆勒迅速覆盖住了柯林在罗丝心中的影子,完全取代了他的地位。罗丝的意志轰然倒塌,无力抗拒穆勒浑身散发出来的魅力,身不由己被他吸引过去,两个人就这样一脚浅一脚深地往维特拉城堡走去。

维特拉城堡里养了很多羊,都不是用来卖了换钱的,而是供给穆勒吸血维持生命的。与众不同的是,穆勒专门在夜间出来放羊,藉此躲避阳光的照射。从此,罗丝和穆勒夫唱妇随,跟着他学习吸食羊血,陪他一起顶着满头的星星,夜晚出去放羊,披星戴月,风雨无阻。

维特拉城堡建在海拔4000米的高山上,天气变化无常,除了草原、森

◀1999年12月24日,罗丝去"蛇咬"酒吧参加吸血鬼联盟的化装舞会。
◻1999年1月1日,欧洲单一货币欧元在欧盟11国正式启动。欧洲一体化进程又迈出了重要的一步。

林、牛羊,四周人烟稀少。这里很偏远,下山到镇上往返一趟,要走上两天一夜。由于山上光照少,终年云遮雾罩,维特拉城堡周围的绿草一直长势良好。2000年3月4日,罗丝和穆勒冒着濛濛细雨,一前一后手拿羊鞭,一声声吆喝着把羊群赶出羊圈,去到外面的绿草地上吃草。白天绿油油的草地,到了晚上,被夜色浸染得黑乎乎一片,再被雨水一冲,无形中似乎有一团烟雾在升腾。罗丝却丝毫没有惧色,哼着小调,怡然自得地闲庭信步。雷电在头上滚,借着闪电,罗丝猛然发现一只野兔从脚旁边跑过去。罗丝一眼就喜欢上了,急忙追了过去,越跑越远,无意中跑出了穆勒规定的范围,来到了山脚下。

不料,两位树林警察阿道夫和詹姆斯刚好巡逻经过,看到一个女人深更半夜地从树林深处跑出来,形迹可疑,于是就把罗丝带到不远处的树林警局里问话。

夜晚的树林　　　　　　　　　　10-3

穆勒正在山上放羊,转头一看,发现罗丝不见了,当即运用读心术,追踪罗丝的去向。当得知罗丝现在在警局里以后,穆勒担心她会吓着,黑斗篷一收,飞到树林警局,大踏步走进去,向警察解释经过。

"什么?你们竟然在晚上出来放羊?"警察阿尔瓦听了,觉得眼前站着

■2000年3月4日,穆勒被关押在尼古拉斯镇的树林警局。
□2000年9月15日,第27届夏季奥运会在澳大利亚悉尼开幕。

的穆勒就像怪物一样不可思议。

万般无奈之下，穆勒迫不得已说出了自己基因里与众不同的成分，希望警察能够放过罗丝。

第二天一大早，当地媒体闻讯赶来，把树林警局围得水泄不通。宁静祥和的尼古拉斯小镇上居然出现了吸血鬼，这简直就是平地一声惊雷，整个欧洲为之轰动。如果把尼古拉斯小镇当做这场超级地震的震中，那么震波就是全世界。从那天起，穆勒的有关信息被报纸、电视台和网络轮番报道，全世界都陷入了对吸血鬼的讨论中，几乎所有的人都成了吸血鬼的粉丝。

人物小传
生命的列车上了怪轨——穆勒

如果可以选择的话，不知道穆勒愿意不愿意做吸血鬼？也不知道穆勒是否怨恨过上天为什么安排他以吸血鬼的身份来到这个世界上。一切无从得知，穆勒不喜欢在脸上表现出喜怒哀乐，甚至脸上从来就没有过一丝表情。他只静静地做他自己，一声不吭地坐在生命的列车上，看着列车驶上怪轨而无动于衷，一副事不关己高高挂起的样子。

只是当看到罗丝的一瞬间，穆勒感觉自己的全身心都被激活了，他决定为自己活一回，于是毅然迈步走下生命的列车，大胆地向罗丝表白。那一刻的穆勒很有战士上战场的大无畏的英雄气概，他已然忘了自己是吸血鬼，而罗丝是人类，曾经他们的祖先水火不相容，势不两立。也许穆勒曾经翻看过有关吸血鬼的历史，对于曾经发生在吸血鬼和人类之间的千年圣战早已了解得清清楚楚，即使是又怎么样？任何人任何事都无法阻挡穆勒爱上罗丝。当然，时间也很争气，在后来的日子，验证了穆勒的选择完全正确，罗丝是一个好女人，一个好妻子。得妻如此，夫复何求？

■2003年7月14日，罗丝就穆勒被关押一事和尼古拉斯镇在法庭上达成和解。
□2003年1月1日，帕斯卡尔·库什潘出任瑞士联邦主席。

所以，我敢大胆推测，穆勒从没有埋怨过自己的吸血鬼基因，否则，他就不会去关注"蛇咬"酒吧，也就不可能碰到罗丝。错误的轨道里往往会出现令人意外的惊喜，谁都无法保证明天的我们将会遇到哪些事，碰到哪些人。当然，由于无法更好地融入人类社会，穆勒多少会有心理阴影的。

一声叹息

穆勒被关在树林警局里，每天有数以万计的人从世界各地涌过来，要求观看吸血鬼的庐山真面目。忽如一夜春风来，尼古拉斯小镇上各种汽车小旅馆随之遍地开张营业，维特拉城堡也开始对外开放，供游客参观，穆勒就这样无意中带动了当地的旅游业和餐饮业。幸亏穆勒的妈妈已于三年前由于操劳过度去世，不然看到这样的状况，会活活气死。

穆勒被关在一间小房间里，为了限制他的行动，房间小得只能够容纳下一副小小的担架，担架供他睡觉用，随着他起身躺下而自动折叠打开。窗外人头攒动，人们好奇而又小心翼翼地隔着防弹玻璃端详着穆勒，乍一见到，却不免有些失望，穆勒居然长得跟人类一模一样，嘴角边连尖牙都没冒出来。

"笑一笑，来，笑一笑！"一只接一只的手搭上来，大声敲打着窗玻璃，人们是如此渴望能够看到穆勒张开嘴巴，露出牙齿，来证明他的吸血鬼身份。

天天这样无时无刻被无数双眼睛盯着看，穆勒烦不胜烦，却对自己无能为力，这样的情景无异于在马戏团里被人围观，它会让你意识到，即使你能逃避全世界，也逃不过人们由心中滋生的恶魔。尼古拉斯镇的树林警局被熏天的利欲心驱使，打着"欢迎参观吸血鬼真容"的牌子，居然对外开放穆勒的房间，甚至出售门票。穆勒对自己的出生无从选择，对自己的命运无从自主安排，坚强的他只有默默地承受着这一切。没有羊血充饥的日子里，穆勒头痛欲裂，不，全身都在疼。一天天过去，穆勒瘦成了一把劣质的琵琶琴，传递痛觉的神经是琴弦，喉咙是共鸣箱，全身的骨头组成了琴身。每当血瘾犯上来时，穆勒都感觉好似一双有力的手抓住他这把琵琶琴在使劲地摇晃，非要把他的身子骨拆散了不可。罗丝挤在围观的人群里，通过读心术听到穆勒浑身上下每一个细胞都在和血瘾作战，一颗心生生地被车轮碾碎了，心痛得无以复加，恨不得跟着一起死了算了。

"你们说要给穆勒检查身体，可是一直到现在医生都无法诊断出穆勒到底和正常人有什么本质的区别，是不是这样？既然这样，你们为什么还不放了穆勒呢？万一他要真的是人的话，这样长期被关押着，健康出了状况，谁负责？" 2000年5月2日，罗丝一怒之下，把尼古拉斯镇的树林警局告上了法庭，在法庭上振振有词地为穆勒辩护道："我身为穆勒的合法妻子，强烈要求立即释放我的丈夫，还给他作为一个合法公民应得的自由！"

罗丝和树林警局相峙不下，法庭一再开庭审理，这场官司竟然持续打了三年之久，关于穆勒到底是不是人类，却始终无法得出一个确切的结论。时间长了，法官迈克尔被罗丝对穆勒的一往情深深深打动，他想，哪怕穆勒真的就是那个上帝的弃儿，他也要还给他们夫妻团圆的机会。最后，在法官迈克尔的敦促之下，罗丝于2003年7月14日与尼古拉斯镇树林警局达成和解。罗丝放弃索赔，只要求树林警局放人就可以了。在罗丝的一再坚持之下，用整座维特拉城堡的所有权作为交换的条件，在时隔半年之久以后，终于和树林警局签订了协议，赎出穆勒。

"我这样做到底是好人，还是坏人？他看上去就像是从人类社会里被隔离出来的一样，其实这个地球不仅仅属于人类……"迈克尔一遍又一遍这么质问自己，脑子里不断地否定自己，又肯定自己，然后推翻重新来过，就这么翻来覆去地闹腾着。

尽管医生还没有拿出确切的诊断，迈克尔也无从肯定穆勒就是吸血鬼，但是他首先完全从人类的私心里摆脱出来，把吸血鬼当做人类的朋友来对待。迈克尔希望所有和人类一起生活在阳光下的吸血鬼们有一天能够得到全人类的认同，从而能够风平浪静地生活在地球上，他想，这也肯定是穆勒内心最渴望达到的。

迈克尔不知道，穆勒的心已经完全碎了。在被关押的日子里，穆勒的身心受到了严重的摧残和折磨，自尊心受到前所未有的践踏，心中悲愤难平，就像一只孤帆在风浪中漂泊，找不到停泊的方向，所幸罗丝像往常一样的温柔体贴。

"我们要学会珍惜每一天。因为，这每一天的开始，都将意味着我们余下的生命之中就少了一天。"罗丝轻声细语安慰穆勒。

可是，离开了维特拉城堡，失去了豢养的羊群，穆勒和罗丝不知该到哪里重新开始他们的生活？他们的明天在哪里呢？

"我们只管向前走，走下去，脚下自然会形成一条路！"罗丝搀扶着穆勒，夫妻俩一起走进树林，隐没在浓密的绿荫深处。

树林警察阿道夫望着罗丝和穆勒远去的背影，嘴角边发出一丝不易察觉的冷笑，转身往家里走去。还没走近，就远远地听到此起彼伏的"咩咩"声，最近阿道夫家里的后院不断传出羊叫声。当下，阿道夫听到羊叫声，浑身都充满了力气，三步并作两步就直接往后院冲过去。阿道夫来到后院，拉开栅栏，走进羊圈里。羊群见到阿道夫，吓得四处逃散，乱闯乱撞。阿道夫怒吼一声，两边太阳穴顿时青筋凸现，深邃的眼睛里布满了殷红的血丝，只见他飞快地伸出手去，抓住一只刚出生不久的小羊羔，提拎着一只后腿，一把搂进自己的怀里，张嘴就咬住了小羊羔的喉管。

是的，阿道夫也是一个混在人群中的吸血鬼，虽然他身上吸血鬼的特征不明显，但是骨子里嗜血的习性是永远也无法去掉的。

阿道夫为了满足自己对鲜血的渴求，在老家曾经多次犯案，为了躲避抓捕，逃到偏远的尼古拉斯小镇，做了一名树林警察。阿道夫远比穆勒要残忍许多，穆勒还只是吸食羊血，而他却直接吸食人血。

1993年早春二月，挂在枝头的积雪还没完全消融。

"校长先生，我来了！"小学生阿历克斯站在校长室门外，有礼貌地敲着门。

半晌，门才悄无声息地打开，可只是开了一条缝隙就停住了。紧接着，从门后面伸出一只手，飞快地把阿历克斯拉了进去。

"孩子，你有病，只要你和我血液交换一下，保证你从此不会再生任何病。"说话的就是被唤做校长的阿道夫。

现代吸血鬼阿道夫　10-24

阿道夫说完后，取出明晃晃的手术刀的刀片在阿历克斯的颈部割开一小道血口，随后张大嘴巴趴在患口处开始吸血，持续大约1分钟。完事后，阿道夫一边声色俱厉地恐吓道："要是说出去，我就开除你！"一边掏出十块钱塞给阿历克斯。

阿道夫接下来吸血是在下个月的这一天，也就是说每个月的13日是阿道夫吸食人血的日子。这一次，阿道夫割破了另一个小男孩汤姆的小腹脐下2寸处，然后进行吸血。当时，阿道夫嫌流出的血不够多，于是用橡皮圈扎在汤姆的肚子上使劲挤勒，不一会儿汤姆连吓带怕被勒得晕死过去。阿道夫以为汤姆死了，慌不择路夺门而逃。逃亡的路上，阿道夫专门捡偏僻的山村居住，靠做教师这个老本行谋生。1995年5月24日晚上，阿道夫的血瘾又犯上来了，克制不住的他诱骗一个小男孩到他的寝室里，把小男孩倒挂起来，割破鼻子进行吸血。好久没有吸食人血的阿道夫乍一闻到血腥味，兴奋得浑身上下每个细胞都被激活了，结果一口气把小男孩身上的血吸光了。就这样，阿道夫又一次踏上了亡命天涯的逃亡之路，最后来到了尼古拉斯小镇。

法网恢恢，疏而不漏。阿道夫作恶多端，自以为隐藏得很深，却忘了现在是网络时代，信息发达，警局早就把他的照片发到网上，在全国范围以内进行通缉。

2000年1月1日，阿道夫终于落网了，但是，他只是作为刑事犯罪分子遭到抓捕，而他的吸血鬼身份将成为只有他自己知道的秘密。一直以来，阿道夫是如此担心会泄露自己的吸血鬼身份，害怕遭到人类同样残忍的报复，所以，当他得知穆勒是吸血鬼以后，就拼命怂恿警局修理穆勒，无非是想借此机会掩饰自己的吸血鬼身份。

无论穆勒还是阿道夫，骨子里都深以自己的吸血鬼身份而自卑，无法做到正视自己，自己先就把自己排挤在地球生物之外。不知道这个世界上还有多少像穆勒和阿道夫这样的吸血鬼后裔，他们的出路在哪里，未来的地球还会有多少属于他们生存的空间呢？

穆勒送给罗丝的生日贺卡，暗许下辈子还要找到她，继续爱她　　10-5

历史事件特写：存在就是合理的

穆勒和阿道夫的出现，给研究吸血鬼历史的历史学家们当头一记棒喝：谁说吸血鬼已经从这个世界上消失了？

穆勒和阿道夫的出现，不仅证明了这个世界上还存在吸血鬼，只是数量少之又少，而且还证明了目前吸血鬼在地球上的生存方式，像一滴水一样融入人类社会中。

新时期的吸血鬼已经大大进化了，比起他们的祖先来，穆勒和阿道夫可以晒太阳，还可以大大方方地在太阳下行走，当然，阳光不能太猛烈，否则他们会受不了。穆勒和阿道夫他们都很怕热，穆勒有句口头禅就是："热得受不了了，我要像冰激凌那样融化了。"我们绝对可以相信，穆勒说的是事实。不过，要真有一天穆勒在太阳底下像冰激凌一样融化了，我们会不会像欣赏一幅美景一样，眼睁睁地看着苍白纤细的他慢慢地融化成一滩水？那个时候会不会引发人们更多有关生命的思考？

当然，无论穆勒还是阿道夫，都还只是尝试改变的第一代融入人类社会的吸血鬼，游走在人和吸血鬼的边缘，而他们的后代将会进一步淡化吸血鬼的特征。但是，特征是永远不会消失的，只会以更加隐蔽的手法藏在血液里，以性格脾气等各个隐性的方面来表现。

如果哪天我们走在路上，恰巧碰到一个和穆勒或者阿道夫的特征吻合的人，千万不要大惊小怪，多少请尊重他们。要知道，存在即是合理的，地球不仅仅是我们人类的家园。

酷睿点评

当阿道夫在遭遇同样是吸血鬼的穆勒以后，不仅没有出手相救，反而落井下石。阿道夫这样做的目的，只是为了保护他自己，借打击穆勒掩饰他自己，极端的自私自利。从中不难看出，新世纪的吸血鬼阿道夫不仅保留了祖先吸食人血的特性，还在思想层面体现出只有人类才具备的摧毁其他生命、诡计多端、残忍的一面。

怪不得有人公然提出，世界上最可怕的并不是吸血鬼，而是吃人的人类。换句话说，世界上只有人类才会吃自己的同类。同样的，在人类社会中长大的阿道夫才会不遗余力，甚至不择手段地修理自己的同类穆勒，从而对穆勒的身心造成了严重的伤害。虽然后来穆勒得以脱身，但是噩梦从此将永远贯穿他的生命，度日如年。这一幕同类相残的惨剧，反映了这个地球上，最可怕的动物不是吸血鬼，而是比吸血鬼更可怕的人类。

叶隐·寒刀·樱花——日本武士史

一本真正的日本武士史，带你走进一个残酷的世界

一个人，两柄刀，一柄御敌，一柄杀己。

战场、杀戮、流血、死亡……这是他们人生字典里出现频率最高的字眼，他们以血肉之躯，驱动着这个茫茫大洋中弹丸岛国向前发展。他们的名字叫——武士。

如果说日本的历史是一条河，那么武士便是河边樱树上的樱花。对于他们来说，死亡如同樱花凋谢，自然而凄美。

花自飘零水自流，然而历史的长河却不能将武士及其精神——武士道涤荡殆尽。它如一丝游魂，又似枯树盘根，或许在不经意间便会迸发出来……

作者：北冥有鱼
定价：28元
出版时间：2009年11月

勇敢的心——世界探险史

在生动惊险的探险事件回顾中享受阅读的轻松与刺激

冒险是人类一种天性。生存的动力、好奇心的驱使，牵引着人们去探索一个又一个地球深处的秘密。人类历史，其实就是一部探险史、开拓史！未知地带的秘密，神秘诱人的传说，危机四伏的征途，惊心动魄的故事，不畏死亡的英雄……再加上赤裸裸的欲望，构了这部探险史。本书忠于历史，并尽可能地在保持完整的历史脉络的同时，从细处着眼，从大多数人感兴趣的故事入手，为你讲述这些冒险的故事，并配有精美的插图。让你在富有趣味的阅读中，丰富自己的知识和见闻，感受那一幅幅的异国风情画卷。

作者：宁小小
定价：23元
出版时间：2009年11月

品味另类史丛书

纵横四海——世界海盗史

最全面的海盗知识，最惊心动魄的海盗画卷

这里有惊心动魄的海盗生涯，浪漫旖旎的海上风情，沉睡千年的诱人宝藏；这里有一段段人生的起伏沉沦，一幕幕历史的另类再现。一打开它，你将会被深深吸引，它带给你的不仅仅是历史，是知识，是思考，还是无上的阅读快感。

作者：沧海一丁
定价：26元
出版时间：2009年11月

将热血抵押给铁甲和战马的男人——欧洲骑士史

像骑士一样带着光荣与梦想、激情和浪漫踏上征途

骑士，欧洲中世纪的一个特殊阶层。凭肉眼看，他们是骑在马上的、挥舞着长矛和利剑的男人，以一敌百，所向披靡。读完本书你就会明白，他们不仅仅是莽夫，卸下盔甲之后，他们还会写诗，还会泡妞，追求上进，还有着无比虔诚的宗教信仰。在财富和荣誉背后，骑士承担的是一份不为人所知的责任，拼了老命地在一次又一次的战役中想要将长矛刺进对方的心脏，费尽心思地想要爬上胜利者的巅峰。尽管随着骑士制度的衰落，骑士们各谋出路，但他们的本质没有改变，依然保持着那份高贵和英勇。

作者：八叔
定价：25元
出版时间：2009年11月

品味另类史丛书

剑藏百万兵——世界刺客史

读刺客史，品另类人生，笑看花开花落

他们的身世成谜，他们的灿烂只是一瞬。他们之中，有的身处朝阁、位高权重，有的寄人篱下、仰人鼻息。他们的身份千差万别，但是，自从拿起刺刀的那一刻起，他们就有了一个共同的名字："刺客"。

他们心狠手辣而又有勇有谋，他们三思而后动，静若处子藏不露，动如脱兔势如吞。

他们如飞蛾扑火，用热血铸就寒刀，制造统治者的梦魇。

本书荟萃世界各国著名的刺客与刺杀行动，上演惊心动魄的历史一幕。

作者：青港沉沙
定价：26元
出版时间：2010年11月

惊情六百年——吸血鬼史

看最缠绵悱恻的吸血鬼传奇，寻最刻骨铭心的爱恨情仇

我们为吸血鬼，足足倾情六百年。其实，我们爱吸血鬼，等于爱自己。从人类的角度出发，我们一起感受吸血鬼的骨肉亲情，上至父母之爱，下至舔犊之情，中间手足之情、朋友情谊，千丝万缕，天伦不灭，更有那永生的爱情，比飞蛾扑火更勇敢，比夏花更灿烂……

从吸血鬼们的生离死别中，我们由此推彼，知道自己从来都不知道珍惜所拥有的，从今以后，让我们一起珍惜我们目前所拥有的一切，直到永远。让我们和吸血鬼互相拯救对方的灵魂，爱的净重21克，只有灵魂的重量。

作者：金娅丽
定价：27元
出版时间：2010年11月

品味另类史丛书

把武器和自由交给敌人——世界战俘史

全面讲述战俘生活，五味俱陈，战争迷的最爱

战俘，从字面上看很容易理解，他们是一群卸下盔甲的人，一群失去自由、失去尊严的人。他们被遗忘在历史的灰暗角落，几乎没有人为他们书写一部完整的历史。偶尔进入公众视野，也大都是为了满足众人的好奇心和八卦欲。他们总是和屠杀、血腥、酷刑、惊险、离奇等一些极端的字眼联系在一起，并衍生出许多催人泪下的艺术品，例如电影等。看了这本书，你大概可以明白，"艺术源于生活"并不是没有道理的，甚至生活可能比艺术更精彩。

作者：宁小小
定价：27元
出版时间：2010年10月

别看了，你就是凶手——世界侦探史

最轻松有趣的侦探史，侦探迷们的精神狂欢

1850年，著名侦探阿伦·平克顿在美国创立了第一家私人侦探事务所之后，这种起初不为人认同的职业开始成为了西方国家的犯罪刑侦的重要角色，充当起警方的一种辅助力量，其紧张悬疑的气氛、扑朔迷离的案件，都成为了民众"正义永远战胜邪恶"的心理诉求，被人们茶余饭后津津乐道。但我们仅仅看到的是侦探侠义人格包裹下的智慧头脑和骄傲灵魂，谁又知，侦探也是一个普通老百姓，常常会面临生命危险，为了更加专注于案件的侦查，他们放弃了原本和睦的家庭，抛弃了七情六欲，在残酷的现实面前撞得头破血流。

作者：九叔
定价：26元
出版时间：2010年11月

品味另类史丛书